Klaus Thimm

Jesus ist keine "Energiesparlampe"

Klaus Thimm

Jesus ist keine "Energiesparlampe"

Authentisch predigen mit den Augen eines Physikers

Fromm Verlag

Impressum / Imprint
Bibliografische Information der Deutschen Nationalbibliothek: Die Deutsche Nationalbibliothek verzeichnet diese Publikation in der Deutschen Nationalbibliografie; detaillierte bibliografische Daten sind im Internet über http://dnb.d-nb.de abrufbar.

Bibliographic information published by the Deutsche Nationalbibliothek: The Deutsche Nationalbibliothek lists this publication in the Deutsche Nationalbibliografie; detailed bibliographic data are available in the Internet at http://dnb.d-nb.de.

Coverbild / Cover image: www.ingimage.com

Verlag / Publisher:
Fromm Verlag
ist ein Imprint der / is a trademark of
OmniScriptum GmbH & Co. KG
Heinrich-Böcking-Str. 6-8, 66121 Saarbrücken, Deutschland / Germany
Email: info@frommverlag.de

Herstellung: siehe letzte Seite /
Printed at: see last page
ISBN: 978-3-8416-0520-7

Vorwort

Laienprediger einer Freikirche zu sein, das ist für mich immer eine Herausforderung gewesen. Auch wenn es für andere leicht so einen Geruch haben mag von ‚Ersatz, weil die entweder keinen Pastor haben oder weil gerade keiner verfügbar ist'. In dieser Sicht ‚Herausforderung' sehe ich mich immer wieder bestätigt bei den sehr anspruchsvollen Fortbildungen meiner Evangelisch-methodistischen Kirche. Als Laienprediger kann ich über Erfahrungen sprechen, zu denen Amtsträger einfach keinen Zugang haben. Ich kann es in einer Sprache tun, die Sprache des Alltags ist ohne sich einer kirchlichen Tradition verpflichtet zu sehen oder ohne sich anbiedern zu wollen, etwa in einem ‚feministischen' Verkündigungsstil oder in einer eigens konstruierten ‚Jugendsprache'. Schließlich kann ich auch aktuell und authentisch sein ohne politisch korrekte Rücksichtnahmen. Aktuell und authentisch: Immer wieder werden von Kirchen Stellungnahmen eingefordert zu gesellschaftspolitischen Fragen. Dabei sollen aktuelle Entwicklungen abgestützt werden auf Aussagen der Heiligen Schrift z. B. bei Vorstellungen von Familie und deren Zukunftsaspekten. Das kann schnell zu Gratwanderungen führen, bei denen Vertreter von Kirchen sich Parteien verpflichtet fühlen mögen. Womit sie dann leicht bei Andersdenkenden in Fettnäpfchen treten und Ärger auslösen. Als Laienprediger hüte ich mich davor, politisch zu predigen – aber ich habe auch keine Scheu, etwa den Missbrauch von Ängsten beim Namen zu nennen, wie etwa bei Predigten über Folgen einer menschengemachten Klimakatastrophe, über Horrorversionen von Gentechnik oder Atomkatastrophen. Das gilt ebenso im Hinblick auf fragwürdige Auslegungen von Texten der Heiligen Schrift, mit denen Glaubende verunsichert oder auf eine ganz bestimmte und einseitige Sichtweise festgelegt werden sollen. Ich predige so, wie ich es vor Gott und meinem Gewissen verantworten kann und ohne Angst vor lautstark agierenden Andersdenkenden oder vor Medienschelte. Auch ein Paulus hat sich nie Forderungen politischer oder religiöser 'correctness' gebeugt – gleichgültig, von wem sie erhoben wurden. Schließlich: Nach den Maßstäben seiner Zeit war doch auch Jesus ein ‚Laienprediger', da er nicht die vollständige Ausbildung eines Rabbi durchlaufen hatte. Auch wenn er immer wieder als solcher angesprochen wurde: Er war ein reisender Prediger, der gelegentlich gebeten wurde, bei Gottesdiensten in der Synagoge ‚die Schrift' auszulegen – und der dabei auch Empörung und entschiedene Ablehnung seitens der Zuhörer in Kauf nahm. Vor diesem Hintergrund gesehen ist es eine Ehre, Laienprediger zu sein. Nicht, dass ich mir deshalb etwas einbilden würde – aber immer wieder finden wir in der Tradition des Judentums und der christlichen Kirchen Menschen, die Gott auch ohne Theologiestudium und formvollendete Ordination dazu berufen hat, sein Wort auszulegen und auch gegen offenkundige Widerstände zu verkünden. Das begann bei den Propheten des Alten Testaments und setzte sich über die Jünger Jesu fort bis in unsere Tage. Im Gespräch mit Nikodemus sagt Jesus: „Der Wind weht, wo er will: du hörst sein Brausen, weißt aber nicht, woher er kommt und wohin er geht. So ist es mit jedem, der aus dem Geist geboren ist." So ist es auch mit Gottes Freiheit, Menschen in seinen Dienst zu berufen.

Meine Evangelisch-methodistische Kirche hat von Anfang an die Berufung von Laienpredigern als ganz entscheidendes Merkmal ihres Verkündigungsdienstes gesehen. Und ich bin dankbar, dass Gottes Geist auch mich im Rahmen dieser meiner Kirche angesprochen und in die Pflicht genommen hat. Dabei setze ich mir auch Grenzen in eigener Verantwortung mit der Bitte an den Heiligen Geist, mir den rechten Weg zu zeigen. Von Gott begabt zu sein, sein Wort auszulegen und zu verkündigen, das ist für mich etwas Großes. Und das hat dann auch zu tun mit der persönlichen Biographie, mit der Erfahrung von Gottes guter Führung, gerade bei Weichenstellungen im eigenen Leben. Es sind derartige Erfahrungen, die die Verkündigung eines Laienpredigers besonders glaubwürdig und überzeugend machen. Ich bin dankbar, dass mir solche Erfahrungen geschenkt wurden – gerade auch in meinem Beruf als Physiker. Mit Freude wirke ich mit in einem Arbeitskreis ‚Naturwissenschaft und Glauben', in dem es darum geht, bei Fragen an die christliche Verkündigung zu zeigen, dass es vielleicht Missverständnisse, aber keinerlei grundsätzliche Kontroversen gibt zwischen der Botschaft der Bibel und den Erkenntnissen moderner Naturwissenschaft und Medizin.
Mein besonderer Dank gilt meiner Frau – ebenfalls Laienpredigerin der EmK – die sich sehr viel Mühe gegeben hat mit der Überarbeitung des Manuskripts und mich dabei auf Stellen verwies, die verständlicher formuliert werden mussten.

Bonn, im September 2014
Klaus Thimm

Inhaltsverzeichnis

Seiten

1. Die gute Botschaft in aktueller Sprache

1.1 Jesus ist keine ‚Energiesparlampe'

Predigt über Johannes 8,12 (Einheitsübersetzung)
Jesus sagt: „Ich bin das Licht der Welt. Wer mir nachfolgt wird nicht in der Finsternis umhergehen, sondern wird das Licht des Lebens haben."

Das aufstrahlende Licht des Ostermorgens liegt hinter uns – und die Flammen des zu Pfingsten kommenden Heiligen Geistes liegen vor uns. Ein guter Anlass, sich Gedanken zu machen über Licht und seine Bedeutung für unseren Glauben.

In unserer Gesellschaft ist heute ‚Energiesparen' ein zentraler Begriff. Und eines der Idole zu diesem Energiesparen sind ‚Energiesparlampen', die möglichst kaltes Licht verbreiten und möglichst keine Wärme abstrahlen sollen. Wie denn überhaupt Licht nicht zu hell sein soll und ‚Abfallwärme' möglichst knapp gehalten werden muss.

So die Forderungen unserer Gesellschaft und unserer Regierung – aber was sagt eigentlich die Heilige Schrift zu den Themen Licht und Wärme?

Für die Heilige Schrift ist ‚Licht' ein Thema von ganz besonderer Wichtigkeit. Die Zahl der Bibelstellen dazu umfasst viele hunderte. Dabei verbinden sich mit Licht zwei ganz unterschiedliche Vorstellungen: Zum einen gehört Licht zu Gott, ist geradezu eine Eigenschaft Gottes. Wenn es im Aaronitischen Segen heißt „Gott lasse sein Angesicht leuchten über euch", dann ist das ein Beispiel dafür aus dem Alten Testament. Und wenn Jesus von sich sagt „Ich bin das Licht der Welt", so ist das ein neutestamentliches. In der Endzeit-Vision des Sehers Johannes am Schluss der Offenbarung wohnt Gott zusammen mit seinen Menschen in dem himmlischen Jerusalem. Dann wird allein seine Gegenwart diese Stadt so hell machen, dass alle Lichter überflüssig sind. Zum anderen aber ist das Licht ein Geschöpf Gottes. Für die Menschen des Alten Testaments sind Sonne, Mond und Sterne Lichtquellen, die Gott geschaffen hat, um diese Welt hell zu machen. Als Physiker weiß ich heute, dass es noch viel mehr Lichtquellen gibt, als es sich ‚die Alten' hätten vorstellen können. Ganz außergewöhnliche Lichter, die alle in Gottes Schöpfung ihren Platz haben. Aber das soll jetzt nicht Thema sein. Hier geht es um die Bedeutung dessen, was sich mit ‚Licht' verbindet.

Was will Jesus für uns sein als ,das Licht, das unsere Finsternis hell machen will'? Immer wieder gibt es die Berichte von Menschen, für die in einem völligen Dunkel der Angst und der Hoffnungslosigkeit Jesus das rettende Licht wurde. Es gibt diese Berichte aus der Geschichte der Kirchen – und es gibt diese Berichte als Erfahrungen von Menschen unserer Zeit. Die christliche Wochenzeitschrift ideaSpektrum etwa bringt immer wieder solche Berichte über das rettende Eingreifen Jesu ,als Lichtgestalt'. Wenn ich selbst danach gefragt würde: Es gibt ein oder zwei Episoden in meinem Leben, bei denen mir in ein Dunkel der Angst hinein das Licht der Hoffnung Befreiung brachte. Erfahrungen, an die ich dankbar zurückdenke. Ich kann mir gut vorstellen, dass der eine oder die andere von Ihnen auch Erinnerungen kennt an solche Erfahrungen – Erfahrungen, die dann ganz persönlich sind – und die wir als nicht so sensationell empfinden, dass sie reif für die Zeitung wären. Gerade für die Älteren – denn ,die Alten' darf man heute ja nicht mehr sagen – birgt die Erinnerung an Kriegs- und Nachkriegszeit wohl mancherlei Erfahrungen solcher Art.

Wie sehr Erfahrungen solcher Art auch Liederdichter bewegt haben, das zeigen Lieder in unseren Gesangbüchern. Etwa jenes „Licht, das in die Welt gekommen ..." von E. R. Stier (1827).

Und wie ist es mit der Wärme, die wir auch bei Jesus finden möchten? Es hätte das Vorstellungsvermögen der Evangelisten wohl überschritten, Jesus als ,Wärmestrahler' zu beschreiben. Wärmestrahler sind nun einmal eine technische Errungenschaft unserer Tage. Für die Ausstrahlung von Wärme verwendet die Bibel und verwenden die Evangelien andere Bilder. ,Umarmen', etwa und einfach ,Liebe', die Jesus anderen entgegenbringt. Und zu der er dann seine Jünger immer wieder auffordert. Die überzeugendsten Beispiele dafür, wie Jesus Wärme ausstrahlt, sind die Szenen, in denen er Kinder in seine Arme nimmt. Markus, Matthäus und Lukas haben diese Szenen in ihre Evangelien aufgenommen, um zu zeigen, wie wichtig ihnen diese Handlungen Jesu waren. Und wenn Jesus im Evangelium des Johannes seine Jünger liebevoll als ,Kinder' anredet, dann hat der Evangelist solche Szenen wohl sehr bewusst in sein Evangelium aufgenommen, um Jesu Liebe und damit auch die Wärme, die er seinen Jüngern entgegenbringt, zu veranschaulichen.

Und das „Ihr seid Kinder Gottes!“, finden wir immer wieder bei Paulus und in den Johannes zugeschriebenen Briefen. Auch dies steht für Wärme und Liebe, mit denen Jesus die Menschen in seiner Nachfolge umfängt und dazu ermutigt, Wärme und Liebe weiterzugeben.

Dieses Handeln Jesu und dieser Auftrag von ihm an die Menschen in seiner Nachfolge schlägt dann die Brücke zu uns heute. Immer wieder wird berichtet von Menschen, die in der Nachfolge Jesu ganz Außerordentliches geleistet und über sich hinausgewachsen sind. Da kommen dann Namen wie Schwester Teresa, wie Albert Schweizer, wie Billy Graham und Martin Luther King – um nur einige zu nennen. Solche Menschen werden als große Vorbilder gepriesen – und sie sind es auch. Aber sie erscheinen mir als ganz normalem Christen dann fast als Wesen auf einer viel höheren Ebene des ‚Christ Seins'. Da kann ich von mir nur sagen: Das hätte ich doch nie geschafft und das würde ich auch nie schaffen! Wobei ich natürlich zugeben müsste, dass bei Gott nichts unmöglich ist: Wenn der Heilige Geist mich dazu befähigt hätte, dann hätte es sicher möglich sein können – aber er hat es nun einmal nicht!

Aber was er getan hat als Sachwalter Jesu in dieser Welt und damit auch in meinem Leben: Er hat mir immer wieder Menschen an den Weg und in den Weg gestellt, die es nötig hatten, dass ich sie etwas spüren ließ von dem, was er mir als Auftrag mitgegeben hat. Nämlich Licht in dieser Welt zu sein und etwas weiterzugeben von seiner Liebe. Auch wenn ich sicher immer mehr eine glimmende Funzel gewesen bin als ein strahlendes Leuchtfeuer. Und auch wenn mir in der Regel berufliche Zwänge, meine Familie und drängende Termine wichtiger gewesen sind als die liebevolle Zuwendung, die ich anderen schuldig gewesen wäre. Aber er hat das Bewusstsein für diese beiden Aufgaben und Herausforderungen bei mir wach gehalten – und so habe ich es manchmal doch geschafft, anderen etwas von ihm zu sagen und etwas sein zu können. Auch wenn ich es viel mehr der Kraft seines Geistes zuschreiben muss als meiner eigenen: Das eine oder andere Mal ist es eben doch gelungen – und daran denke ich dankbar zurück! Man nennt so etwas im Sprachgebrauch ‚die kleinen Schritte' – und es gibt dann kluge Sprüche, denen zufolge es gerade die kleinen Schritte vieler sind, die etwas bewegen in dieser Gesellschaft. So weit will ich gar nicht gehen. Ich freue mich einfach über jede

Gelegenheit, bei der ich jemandem helfen konnte als kleinem Lichtpunkt in seinem Leben. Und ich möchte dies auch weiter tun können.

Jesus, Paulus, Johannes und andere erklären, dass wir als Botschafter ‚an Jesu Statt' das Licht seiner Liebe und Zuwendung für andere Menschen sichtbar und spürbar machen sollen. Das ist ein guter Auftrag. Aber dabei möchte ich eins nicht sein: eine ‚Energiesparlampe'.

Eine Energiesparlampe, die nur kaltes und keineswegs strahlendes Licht von sich gibt und die möglichst wenig und am besten gar keine Wärme verschwendet für die Erzeugung von Licht. Zur Zeit Jesu wären solche Vorstellungen von ‚kaltem Licht' völlig undenkbar gewesen: in den üblichen Lampen wurde Öl verbrannt, so dass sie gleichzeitig Licht und Wärme spendeten. Und wenn es dann hieß ‚Haltet eure Lampen am Brennen', dann verbanden sich mit einer solchen Aufforderung viele Gedanken: Die Erzählung von den klugen und den törichten Jungfrauen vermittelt uns einen lebendigen Eindruck aus einer Zeit, in der der Strom noch nicht ‚aus der Steckdose' kam. Für uns – und hier darf ich wohl einmal verallgemeinern – sind das dann Eindrücke von brennenden Kerzen oder gar einem Kaminfeuer als Mittelpunkt einer Runde miteinander vertrauter Menschen. Eindrücke, die zunehmend und gerade für jüngere nur noch für Gefühlsduselei und Vergangenheit stehen. Aber solange wir auf unseren Altären noch brennende, ‚echte' Kerzen haben wollen – die schwedische Sprache nennt Kerzen ‚lebendiges' oder ‚lebendes' Licht – bleibt das eine Brücke zu jener Zeit der Gegenwart Jesu in dieser unserer Welt. Und nachdem ich mich als Physiker beschäftigt habe mit dem Konzept der ‚Energiesparlampen' und ihren technischen Realisierungen, da weiß ich eins ganz gewiss: ‚Jesus ist ‚Licht der Welt' – und verkörpert ganz gewiss keine ‚Energiesparlampe'! Er hätte damit verbundene Wunschträume von ‚kaltem Licht' und möglichst wenig ‚Abfallwärme' empört von sich gewiesen! Für ihn und für seine ersten Verkündiger gab es immer nur ‚vollen Einsatz' in der Zuwendung zu den Menschen. Vollen Einsatz ohne Einspar-Vorbehalte – und ohne kleinliches ‚Wenn und Aber'. Und einem solchem ‚Keine Energiesparlampe sein' fühle auch ich mich verpflichtet in der Nachfolge Jesu. Jesus verkörperte keine ‚Energiesparlampe', sondern strahlte aus der Fülle Gottes zu den Menschen, zu denen ihn sein Vater gesandt hatte. Und als ‚Botschafter an seiner Statt' sollten auch wir keine ‚Energiesparlampen' sein wollen.

1.2 Die Schwierigkeit, richtig zu fragen

Predigt über Markus 9,32 (Einheitsübersetzung)

„Aber sie verstanden den Sinn seiner Worte nicht, scheuten sich jedoch, ihn zu fragen.“

Wenn es darum geht, eine hilfreiche Antwort zu bekommen, ist es wichtig, richtig zu fragen. Das kann schwierig sein. Deshalb überlegen Menschen oft lange, ob sie überhaupt fragen sollen und schrecken dann schließlich doch davor zurück. Weil sie sich nicht blamieren wollen, weil sie sich schwer damit tun, Fragen so treffend zu formulieren, dass Zuhörer wissen, worum es ihnen eigentlich geht. Oder weil sie angesichts eines großen oder berühmten Gegenübers das große Zittern bekommen.

In der Heiligen Schrift gibt es viele Situationen, in denen gefragt wird – Fragen nach dem Wie?, nach dem Wozu? und nach dem Warum? Gerade die Fragen nach dem Warum?, wie sie uns besonders in den Psalmen und im Buch Hiob begegnen, sind über die Zeiten hin so aktuell geblieben, dass sie auch heute noch immer wieder gestellt werden, wenn es um Krankheit und Leid geht: „Großer Gott, warum gerade ich? Warum musstest Du dies gerade mir antun?" Oder die Frage, warum es den rücksichtslosen Machtmenschen, die andere unterdrücken und ausbeuten, soviel besser geht als denen, die sich um ein ehrliches Auskommen und um ein Leben nach Gottes Geboten bemühen.

Auch Jesus wird mit solchen Fragen konfrontiert: Nach einem Gebäudeeinsturz in Jerusalem etwa, bei dem viele Menschen ums Leben gekommen sind, heißt es: „Warum gerade diese? Haben sich die so plötzlich aus dem Leben Gerissenen besonderer Vergehen gegen Gott schuldig gemacht, so dass er sie deshalb hat zu Tode kommen lassen?“
Eine Art von Fragen, die immer wieder auch Christen umgetrieben hat und bis in unsere Tage belasten kann. „Wie konnte Gott das nur zulassen?" fragen dann Christen und „Wie konnte euer Gott das nur zulassen?" fragen dann Menschen, die ansonsten christlichem Glauben skeptisch oder strikt ablehnend gegenüberstehen.
Auch für die Angst, überhaupt Fragen zu stellen, gibt es Beispiele aus der Umgebung Jesu. „Und niemand wagte mehr, ihn zu fragen“ heißt es in den

Evangelien. Das gilt selbst für seine Jünger, die ihm doch so nahe waren wie sonst keine anderen. Sie diskutieren untereinander und mutmaßen, was ihr großer Lehrer denn wohl gemeint haben könnte – aber sie trauen sich nicht, ihn direkt anzusprechen. Warum diese Scheu? Haben sie Angst, dass sie sich mit ihren Fragen blamieren würden? Angst, mit ihren Fragen zu zeigen, wie weit sie noch weg waren vom Verständnis dessen, was Jesu Auftrag und Anliegen war? Zu zeigen, wie sehr sie noch in ihren persönlichen Hoffnungen und Erwartungen gefangen waren, aus denen sie nicht herauskamen? Für die Verfasser der Evangelien muss es gute Gründe gegeben haben dafür, dass sie noch Jahrzehnte nach Jesu Weggang diesem ‚und sie wagten nicht, ihn zu fragen' solche Bedeutung beimaßen. Wollten sie es ihren Lesern als Trost nahebringen: „Ihr braucht euch nicht zu genieren, wenn ihr etwas nicht versteht und noch offene Fragen habt: Seht, wie schwer es den Jüngern gefallen ist, ihn zu fragen. Sie waren ebenso hilflos und nicht verständiger als ihr euch fühlen mögt"?

Schließlich ist es Jesus selbst, der diese Fragen der Jünger, so weit sie ihn betreffen, beantwortet. In der Geschichte von den Jüngern auf dem Wege nach Emmaus erklärt er den beiden, die da so niedergeschlagen ihres Weges ziehen, sehr liebevoll und ausführlich, was es mit seiner Sendung auf sich hatte: ‚Musste nicht Jesus solches leiden?' Gott hatte seinen Plan und Jesus Christus hat diesen Plan erfüllt mit der Hingabe seines Lebens.

Auch für uns heute bleiben immer noch Fragen um Jesus. Dabei meine ich nicht jene Fragen um ein ‚Wer war Jesus wirklich?', über die sich eifernde oder resignierende Theologen mit Skeptikern oder bekennenden Atheisten vor Fernsehkameras oder in Zeitschriftenbeiträgen streiten. Sondern Fragen in seiner Nachfolge angesichts von Herausforderungen, für die wir keine maßgerecht zugeschnittenen Antworten im Neuen Testament finden. Jenes Fragen ‚Was würde Jesus in meiner Situation tun?' das immer mehr Bedeutung gewinnt in Entscheidungen, wo eine Unterscheidung zwischen Gut und Böse, zwischen strahlendweiß und nachtschwarz nicht mehr so einfach möglich ist. Fragen, was Jesus tun würde, wenn es nur noch um ‚die Wahl eines kleineren Übels' geht und wenn wir uns angesichts vieler widersprüchlicher Informationen, die auf uns einstürmen, überfordert fühlen, eine optimale Entscheidung zu treffen und deshalb verzweifeln möchten.

Und damit nicht genug: Gerade angesichts der Verkündigung von der Liebe Jesu, der sich uns zugewandt hat und uns trägt, kann die Frage nach dem Leid noch drängender werden: Wie ich es kürzlich bei einer Beerdigung erlebte, als ein alter und kranker Mann seine viel jüngere Frau, die ihn liebevoll versorgt hatte, zu Grabe tragen lassen musste und mit der Frage kam: „Warum dies gerade mir?"

Vor uns bedrängenden Fragen nach der Unterscheidung von richtig und weniger richtig und nach der durchhaltenden Liebe Christi auch in tiefstem Leid wird es mir bewusst, wie hilflos ich bin in meinem eigenen Suchen nach Argumenten und Antworten. Ich kann solchen Fragen nicht ausweichen, so gern ich es manchmal täte - und ich kann mich dann nur stützen auf jenes Wissen im Glauben um die unverbrüchliche Liebe Christi, die nicht nur höher ist als alle Vernunft, sondern die auch immun macht gegen jede Versuchung, sich eigene Erklärungen zusammenzubasteln.
Mit den Worten des Apostels Paulus:
„Denn ich bin gewiss, dass weder Tod noch Leben, weder Engel noch Mächte noch Gewalten, weder Gegenwärtiges noch Zukünftiges, weder Hohes noch Tiefes noch eine andere Kreatur uns scheiden kann von der Liebe Gottes, die in Jesus Christus Jesus ist, unserm Herrn."

Diese Ermutigung hilft mir, wenn es um die großen Fragen geht, die ich eben angesprochen habe. Sie tröstet mich darin, dass ich auch bei falschen Antworten, die ich gebe und bei falschen Entscheidungen mit meinem Versagen zu Jesus kommen kann. So wenig ich mich vorher zu scheuen brauche, ihn zu fragen, so wenig muss ich alleine fertig werden mit daneben gegangenen Antworten und den Folgen falscher Entscheidungen.

Und wenn ich diese großen Fragen so mit Jesus im Vertrauen auf seine Zuwendung und seinen Trost bewältigen kann, dann kann ich es erst recht mit den weniger wichtigen und den belanglosen. Denn nicht alle Fragen, die in ein christliches Gewand eingepackt werden und deren Fragesteller Aufmerksamkeit und Beantwortung einfordern, sind wirklich wichtig und hilfreich: Oft genug geht es den Fragestellern nur darum, Aufmerksamkeit auf sich zu lenken. Jesus selbst hat einmal einen neugierigen Frager zurechtgewiesen: ‚Was braucht es dich zu kümmern, was mit ihm geschieht!' In Alltagssprache hieße das heute: ‚Das ist doch nicht dein Bier!'

Wir sollten Jesus auch um die Kraft und die Einsicht bitten, Wesentliches von Unwesentlichem zu unterscheiden. Wenn ich immer diese Kraft und Einsicht gehabt hätte, hätte ich mir mit solchem ‚Unterscheiden können' viel überflüssiges Kopfzerbrechen und Bauchgrimmen ersparen können. Aber bei allen Unzulänglichkeiten und bei allem ‚Umgetriebenwerden' mit Fragen und wegen Fragen: entscheidend ist, dass ich im Gespräch mit Jesus bleibe und entscheidend ist, was am Ende steht.

Und da dürfen wir gewiss sein, dass wir einmal nicht mehr um Fragen und Antworten zu ringen brauchen: dann nämlich, wenn wir vor Gott stehen werden und wenn er uns dann den Sinn alles dessen offenlegen wird, was wir hier nicht verstanden haben. Wenn er uns erkennen lassen wird, wie sehr er uns geführt hat durch Höhen und auch durch Tiefen auf dem Wege zu ihm. Und in dieser Erkenntnis und in einem staunenden Verstehen werden wir uns wiederfinden in dem, was Paulus als seine Erkenntnis und zugleich Hoffnung formuliert: „Jetzt schauen wir in einen Spiegel und sehen nur rätselhafte Umrisse, dann aber schauen wir von Angesicht zu Angesicht. Jetzt erkenne ich unvollkommen, dann aber werde ich durch und durch erkennen, so wie auch ich durch und durch erkannt worden bin." Das heißt dann auch, dass ich dann Antwort bekommen werde auf alle meine Fragen. Ganz besonders aber werde ich mich dann darüber freuen und dankbar sein können, wenn mir gezeigt wird, wo ich mit Antworten auf mir gestellte Fragen anderen Wegweisung geben konnte zu Jesus Christus.

1.3 Regelwerke und Rechenprogramme

Lukas 10,25-29 (Einheitsübersetzung)

Da stand ein Gesetzeslehrer auf, und um Jesus auf die Probe zu stellen, fragte er ihn: „Meister, was muss ich tun, um das ewige Leben zu gewinnen?"
Jesus sagte zu ihm: „Was steht im Gesetz? Was liest du dort?"
Er antwortete: „Du sollst den Herrn, deinen Gott, lieben mit ganzem Herzen und ganzer Seele, mit all deiner Kraft und all deinen Gedanken, und Deinen Nächsten sollst du lieben wie dich selbst."
Jesus sagte zu ihm: „Du hast richtig geantwortet. Handle danach, und du wirst leben."

In unseren Tagen haben Rechenprogramme und Formeln eine ganz große Bedeutung gewonnen. Wenn Rechenprogramme versagen, dann sind schnell Katastrophen angesagt. Und Formeln bekommen da Gewicht, wo in der Politik, in der Wirtschaft, im Gesundheits- und im Bildungswesen Entwicklungen vorhersagbar und Folgekosten abschätzbar gemacht werden sollen. Rentenformeln, Formeln für den Familienlastenausgleich, für die Finanzierbarkeit des Gesundheitswesens oder gar gleich für die Finanzierbarkeit des Sozialstaates – das springt uns entgegen aus Parteiprogrammen und Gesetzesvorhaben. Und die große Mehrheit der Bürger fühlt solchen Formeln gegenüber ein instinktives Unbehagen: Für ‚Otto Normalverbraucher' machen sie den Eindruck der Undurchschaubarkeit und sie lassen ihn befürchten: ‚Die wollen doch nur wieder Geld von mir oder mir das Leben schwerer machen!'

Gibt es eigentlich auch für uns Christen griffige Formulierungen oder Kurzformeln, mit denen wir in Gesprächen unseren Glauben vertreten, ihn anderen gegenüber verständlich machen können, ohne sie auf umfangreiche Erklärungen oder Bekenntnisschriften verweisen zu müssen? In den letzten Monaten habe ich an einer Reihe von Diskussionen und Podiumsdiskussionen zum Thema ‚Umgang mit dem Islam und seinen Gläubigen' teilgenommen und dabei wieder einmal gemerkt, wie wichtig es ist, Glaubensaussagen kurz und prägnant zusammenfassen zu können. Was heute hinsichtlich des Gespräches mit Muslimen so aktuell geworden ist, gilt schließlich für jedes Gespräch mit Vertretern anderer Religionen – mit Buddhisten, Mormonen oder wem auch immer.

Wir suchen und wünschen uns Formulierungen, in denen wir unseren christlichen Glauben prägnant zusammenfassen und anderen vorstellen können. Aber solches Suchen ist keine Erfindung unserer Zeit. Schon früher haben Menschen gefragt, wie sie ihr Suchen nach Gott und ihre Entscheidung, ihm ihr Leben anzuvertrauen, formulieren können.

Da kommt einmal ein Mann zu Jesus und fragt ihn: *‚Verehrter Lehrer, erkläre mir doch einmal kurz und knapp: Was muss ich tun, um das ewige Leben zu bekommen?'*

Eine sehr berechtigte Frage, wenn man sich vergegenwärtigt, dass zur Zeit Jesu das ‚Regelwerk' – und ich verwende hier sehr bewusst diesen Begriff aus unserer technischen Welt! – dass dieses Regelwerk für den Gewinn des ewigen Lebens völlig unübersichtlich und nur noch für Spezialisten durchschaubar geworden war. Regelwerke – und auch solche für den geistlichen Raum! – haben es leider nun einmal an sich, dass sie mit der Zeit immer komplizierter und umfangreicher werden. Das traf auch zu für den Übergang von den 10 Geboten zu den Vorschriftensammlungen zur Zeit Jesu mit insgesamt 613 Ge- und Verboten ebenso wie immer wieder auch für Christen: Vergleichen Sie einmal den Umfang von Luthers ‚Kleinem Katechismus' mit dem der letztgültigen Ausgabe des Evangelischen Erwachsenenkatechismus.

Deshalb ist die Frage, die hier an Jesus gerichtet wird, die sehr verständliche Frage nach dem, worauf es denn wirklich ankommt. Die Frage nach einer Formel, wie man Bemühungen zum ‚Gewinn des ewigen Lebens' durchplanen und rationalisieren kann. Eine Frage, die auch Christen immer wieder gestellt haben.

Aber zur Zeit Jesu ist die hier gestellte Frage auch eine sehr verfängliche. Frage: Angesichts der Machtfülle der hohen Geistlichkeit in der römischen Provinz Palästina – und wir können dies wohl sehr gut vergleichen mit dem Einfluss der Geistlichkeit in einem islamischen Staat! – wird Jesus hier herausgefordert. Wenn er eine Antwort gibt, die ‚politisch nicht korrekt' ist, dann kann man ihn bei der geistlichen Führung anschwärzen. Dann gibt man dieser einen Vorwand, Jesus bei den Machthabern als Abweichler und Unruhestifter zu denunzieren. Deshalb ist hier äußerste Vorsicht geboten!

In seiner Antwort - eingekleidet in die Form einer Gegenfrage - verweist Jesus auf das Alte Testament und lässt den Fragenden selbst zwei Verse aus der ‚Thora', dem jüdischen Gesetzbuch zitieren:

„Du sollst den Herrn, Deinen Gott, lieben mit ganzem Herzen und ganzer Seele, mit all Deiner Kraft und all Deinen Gedanken, und: Deinen Nächsten sollst Du lieben wie Dich selbst."

Eine knapp gehaltene Handlungsanweisung, die den Charakter einer prägnanten Formel hat. Tue dies, handle so - und Du wirst das ewige Leben bekommen!

Aber wie für jede Formel, so gilt auch hier: Je kürzer und prägnanter eine Formel ist oder dargestellt werden kann , umso mehr Voraussetzungen müssen abgeklärt werden, um sie anzuwenden. Umso mehr Erläuterungen und Veranschaulichungen werden notwendig, um sie mit Leben zu füllen und anwendbar zu machen. Ich habe so etwas einmal als junger Student sehr einprägsam erlebt: Als Professor Heisenberg, der weltbekannte Physiker, aus Göttingen wegging, stellte er in seiner Abschiedsvorlesung seinen Entwurf einer ‚Weltformel' vor. Eine jener Formeln, mit denen Physiker oder Kosmologen alle Erscheinungen im Kosmos - von den Bewegungen der Atome bis zum Geschehen im Universum - beschreiben möchten. Die von Prof. Heisenberg an die Tafel geschriebene Formel war eine für Nicht-Experten völlig unverständliche Aneinanderreihung von weniger als 10 Symbolen, die dann von Experten im Professorenrang erklärt werden mussten.

Auch bei dem genannten Zitat muss in wesentlichen Punkten Einverständnis und Klarheit vorausgesetzt oder geschaffen werden, damit es mit Leben erfüllt wird und trägt. Das von Jesus direkt im Anschluss erzählte Gleichnis von barmherzigen Samariter macht dies sehr deutlich.

Ich möchte einige Punkte aus dieser von Jesus angesprochenen Formel ansprechen, weil sie für unser eigenes Verständnis wichtig sind. „Du sollst den Herrn, Deinen Gott, lieben mit ganzem Herzen und ganzer Seele, mit all Deiner Kraft und all Deinen Gedanken, und: Deinen Nächsten sollst Du lieben wie Dich selbst."

„Den Herrn, Deinen Gott"? - den musst Du schon kennen oder doch kennenlernen, damit er Dir vertraut und liebenswert und nicht fremd, unzugänglich oder gar furchteinflößend erscheint. Gott kennen – Gott suchen – bereit sein, sich von Gott finden und annehmen zu lassen: Voraussetzungen oder Einverständnis, die wir hier haben sollten.

„Deinen Nächsten“? – wer ist eigentlich Dein Nächster, wie sieht er aus und wo ist er zu finden? Dass eine Antwort darauf auch schon zur Zeit Jesu alles andere als selbstverständlich war, zeigt das genannte Gleichnis.

„Deinen Nächsten lieben wie Dich selbst“? -darf man sich eigentlich selbst lieben? Oder findet sich nicht immer wieder auch unter Christen ein Verständnis, dass Christen sich ausschließlich in der Liebe für andere verzehren sollten, wie etwa eine ‚Mutter Teresa’? Wie verhält es sich eigentlich mit diesem ‚sich selbst lieben’?

Ich sehe in dieser Aufforderung ‚lieben, wie Dich selbst’ den Schlüssel zu diesem Text, weil darin die Voraussetzung angesprochen wird für das zweifache ‚Du sollst’: Nur wer sich selbst als von Gott geliebtes Geschöpf und Kind bejahen kann, der kann dann auch seinen Nächsten lieben. Vor dem Hintergrund und im Bewusstseins dieses „selbst von Gott geliebt Werdens“.

Aber auch das „Du sollst den Herrn, Deinen Gott, lieben“ ist keine Eigenleistung – und es soll auch nicht Resultat eines verzweifelten Bemühens darum sein: Auch dieses ‚lieben’ setzt die Erfahrung des Angenommenseins und ‚zuerst geliebt’ Werdens voraus. Eine Erfahrung, die jeder Christ nur im Glauben machen kann und die ein Geschenk ist. Das Geschenk, das uns Gott im Kommen von Jesus gemacht hat – und das ein Geschenk ist, das wir annehmen können ohne Vorbedingungen und ohne Befürchtungen, dass da noch ein dickes Ende nachkommt und dass wir irgendwie doch noch dafür werden bezahlen müssen.

„Deinen Nächsten lieben“ ist dann Liebe, die aus diesem ‚von Gott zuerst geliebt worden sein’ kommt und die sich daraus speist: als Ausdruck eben dieser Freude, sich so von Gott geliebt zu wissen. Und in der Freude, von dieser selbst empfangenen Liebe weiterzugeben.

„... und Deinen Nächsten sollst Du lieben wie Dich selbst.“: In der Wirklichkeit unserer Tage stehen solchem ‚Lieben’ gleich zwei Hindernisse entgegen: Die Schwierigkeit, sich selbst anzunehmen, d. h. sich selbst zu lieben, und die Verteufelung des Nächsten.

Zu der Frage, was Menschen unfähig macht, sich selbst anzunehmen, werden heute vielfältige Erklärungen angeboten. Da ist dann die Rede von ‚Defiziten an im Kindesalter erfahrener Liebe' von psychischen Verletzungen wie etwa bei Scheidungswaisen, von Einflüssen dämonischer oder esoterischer Kulte oder gar von einer Auswirkung von Planetenkonstellationen zur Zeit der Geburt. Und seit kurzem gibt es dann auch noch Schuldzuweisungen an Lehrer, weil diese Kindern nicht das richtige Selbstwertgefühl vermittelt haben. Vielerlei Versuche zu erklären, warum Menschen in Vereinsamung und Selbsthass abgleiten, sich nicht mehr selbst lieben können und damit auch anderen gegenüber liebesunfähig werden.

Und die Verteufelung des Nächsten zeigt sich ganz besonders da, wo er gar nicht mehr als einzelner Mensch wahrgenommen wird, sondern nur noch als Glied einer Gruppe und damit Teil eines Feindbildes, das es zu bekämpfen gilt: Das heißt dann: „Ich habe ja nichts gegen den einzelnen, der ja durchaus liebenswert sein mag - aber es geht um die Gruppe, und die muss man bekämpfen". Früher wurde so zum Kampf gegen Irrlehrer, Ketzer und Andersgläubige aufgerufen - heute sind es Aufrufe zu Aktionen gegen Flüchtlinge, gegen Muslime, gegen Menschen, denen der Stempel ‚rechtsradikal', ‚Neonazi' oder ‚Antisemit' aufgedrückt wird, gegen Gegner der Energiewende und der Klimakatastrophen-Warnungen - um nur beispielhaft einige Zielgruppen zu nennen. Mit solchen Aufrufen wird Menschen, die man als Einzelne überhaupt nicht kennt, abgesprochen, dass sie Nächste sind oder sein können. Als Mitglieder einer unerwünschten oder gar als bedrohlich empfunden Gruppe sind sie nicht zu lieben, sind sie nicht wert, geliebt zu werden. Das Gleichnis vom barmherzigen Samariter ist Beleg dafür, dass die hier angesprochenen Probleme zur Zeit Jesu genauso existierten: Damals waren die Samariter eine von rechtgläubigen Juden zutiefst verachtete Gruppe, deren Angehörige als ‚Nächste' überhaupt nicht infrage kamen oder wahrgenommen wurden. Verachtete oder verhasste Außenseiter genauso wie Angehörige der von mir beispielhaft genannten Gruppen für viele heute.

Ich kann mir gut vorstellen, dass der Schriftgelehrte, der hier Jesus versuchen wollte, bitterböse darüber war, eingestehen zu müssen, dass es der verachtete Samariter war, der hier das Gebot der Nächstenliebe erfüllt hatte. Bis heute wird es immer als ärgerlich empfunden, wenn festgefügte Vorstellungen über andere Menschengruppen erschüttert und wenn

Feindbilder infrage gestellt werden. Und weil besonders angesichts ungeliebter Nächster die Aufforderung Jesu, Gott und den Nächsten zu lieben, als ärgerlich empfunden wird, gab und gibt es immer wieder Versuche, diese Aufforderungen zu relativieren, einzuschränken oder gar wegzudiskutieren:

„Schließlich können wir doch nur solche Menschen lieben, die liebenswert sind, weil sie bedürftig oder Angehörige von Randgruppen sind, weil sie als Sozialhilfeempfänger, als Flüchtlinge oder sonst wie Fremde unter uns leben – Menschen, die dankbar sind! Menschen, die unserer Liebe wert und würdig sind! Oder sollen wir etwa Rechts- oder Linksextremisten, Terroristen oder gar Satanisten oder militante Feinde unseres Glaubens lieben?"

So verständlich solches Verweigern und Zweifeln auch sein mag – hinter ihm steht, dass wir in solchen Fällen nicht klarkommen mit der Vorstellung, die wir von Gott haben, der seine Sonne aufgehen lässt über Gerechte und Ungerechte Wir tun uns schwer damit, uns klarzumachen und manchmal auch zu akzeptieren, dass Gottes Liebe weiter geht, als unsere Vorstellungen davon – und auch über die Grenzen hinaus, die wir ihr manchmal setzen möchten.

Ich sprach eingangs davon, dass heute Formeln und Rechenprogramme allgegenwärtig sind. Und dass wir auch als Christen solche Formeln brauchen. Für uns selbst als Markierungen und für andere, die uns nach unserem Glauben fragen. Auch hierin gibt es eine uralte Tradition von den ersten Christen her:
„Seid stets bereit, jedem Rede und Antwort zu stehen, der nach der Hoffnung fragt, die euch erfüllt; aber antwortet bescheiden und ehrfürchtig, denn ihr habt ein reines Gewissen.“
So schreibt Petrus im 3. Kapitel des ersten der nach ihm benannten Briefe.

Auch wir sollen Auskunft geben können über die Hoffnung, die uns erfüllt; - und um dieser Auskunftspflicht nachkommen zu können, müssen wir diese Hoffnung auch in Worte fassen können.

Der hier angesprochene Text ist eine Formulierung, die Jesus selbst gegeben hat. Es gibt weitere Formeln, die zentrale Aussagen unseres Glaubens in knapper Form und mit wenigen Worten auf den Punkt bringen – Formeln, in denen von Jesus Christus, seinem Tod und seiner Auferstehung Zeugnis abgelegt wird. Formeln, Formulierungen und zugleich Zeugnis, dass uns der

Heilige Geist beistehen, trösten und in alle Wahrheit leiten wird. Ein Beispiel für Letzteres bietet Luthers ‚Kleiner Katechismus': „Ich glaube, dass ich nicht aus eigener Vernunft und Kraft an Jesus Christus, meinen Herrn, glauben oder zu ihm kommen kann, sondern der Heilige Geist hat mich durch das Evangelium berufen, mit seinen Gaben erleuchtet, im rechten Glauben geheiligt und erhalten, gleichwie er die ganze Christenheit auf Erden beruft, sammelt, heiligt und erleuchtet und bei Jesus Christus erhält im rechten einigen Glauben ..."

Zur Beschreibung mag hier das Bild eines Rechenprogramms hilfreich sein: Ein großes Programm kann zusammengesetzt sein aus vielen Unterprogrammen und Teilprogrammen, die alle unentbehrlich sind, damit das große Programm seine Aufgabe erfüllen kann. So auch die verschiedenen Formulierungen, die sich alle ergänzen und ineinandergreifen, um Gottes Plan mit uns und mit seiner Welt zu beschreiben.

Bei aktuellen Gesprächen über den Islam und mit Muslimen gilt immer wieder: Für Christen, die solche Gespräche suchen und führen wollen, ist es unerlässlich, über den eigenen Glauben Bescheid zu wissen und ihn in Worte fassen zu können. Nur dann können sie Gesprächspartner sein, die ernst genommen werden. Aber hat das, was hier als aktuelle Forderung gebracht wird, nicht schon immer gegolten? Immer, wenn Christen das Gespräch mit Menschen suchen, denen sie etwas von Jesus Christus erzählen wollen? Immer, wenn wir Menschen den Weg zu ihm weisen wollen, wenn wir in seinem Auftrag verkündigen, trösten und Mut machen? Das „Seid stets bereit, jedem Rede und Antwort zu stehen, der nach der Hoffnung fragt, die euch erfüllt" wird ergänzt und vollkommen gemacht durch eine Formel, die Paulus an den Anfang seines Briefes an die Römer gesetzt hat:

„Ich schäme mich des Evangeliums nicht, denn es ist eine Kraft Gottes, die selig macht alle, die daran glauben."

Formulierungen aus der Heiligen Schrift und davon abgeleitete Merksätze für Christen: Sie sind Wegweiser und Markierungspunkte, die uns daran erinnern, was wir glauben und was wir im Dienste unseres Herrn zu tun haben. Und die uns helfen, im Gespräch mit anderen Zeugnis abzulegen und zugleich einzuladen: zu Jesus Christus – und in unsere Gemeinden.

1.4 ‚Erleuchtete Augen des Herzens' und der Umgang mit unangenehmen Zeitgenossen

Eph 1,18-19 und Kol 3,12-13 (Einheitsübersetzung)

Eph 1,18-19: „Er erleuchte die Augen eures Herzens, damit ihr versteht, zu welcher Hoffnung ihr durch ihn berufen seid, welchen Reichtum die Herrlichkeit seines Erbes den Heiligen schenkt und wie überragend groß seine Macht sich an uns, den Gläubigen erweist durch das Wirken seiner Kraft und Stärke."

Kol 3,12-13: „Ihr seid von Gott geliebt, seid seine auserwählten Heiligen. Darum bekleidet euch mit aufrichtigem Erbarmen, mit Güte, Demut, Milde, Geduld! Ertragt euch gegenseitig und vergebt einander, wenn einer dem anderen etwas vorzuwerfen hat. Wie der Herr euch vergeben hat, so vergebt auch ihr!"

„Auf wen sind Sie so ärgerlich, dass Sie ihm heute auf keinen Fall begegnen möchten, weil damit alle Freude an diesem Tag verdorben würde?" – eine Frage, die eigentlich nicht in eine Andacht passt. Aber ist sie deshalb so abwegig? Hat nicht fast jeder Menschen vor Augen, die nichts anderes vorzuhaben scheinen, als uns zu ärgern, uns an die Wand zu drücken, uns herabzusetzen? Oder Menschen, deren dauerndes ‚um sich selbst kreisen' uns einfach auf die Nerven geht? Ich selbst kenne einige, um die ich am liebsten einen Bogen mache – wie jene Frau, die stundenlang und ohne Pause über sich selbst und ihre Wehwehchen und ihre Sicht der Dinge reden kann und ihr Gegenüber überhaupt nicht wahrnimmt, geschweige denn zu Worte kommen lässt.

Wer im Beruf steht und mit anderen Menschen auskommen muss – besonders in einem Dienstleistungsunternehmen, wo man auch sehr unangenehmen Kunden gegenüber freundlich sein muss; wer in der Schule oder sonstiger Aus- oder Weiterbildung steckt und bis hin zu Menschen, die in einem Altenheim leben: Jeder kennt doch den oder die, mit denen es immer Ärger gibt oder bei denen man von vornherein resigniert, weil sie einen immer nur mit denselben Leidensgeschichten und Schuldzuweisungen an andere nerven: Menschen, bei deren Auftauchen man sofort in Abwehrstellung geht, ehe der oder die Betreffende auch nur den Mund aufgemacht hat.

Meine Frau hatte einmal eine Stellvertreterin, die sie unbedingt aus ihrer Stellung verdrängen wollte und deshalb hinter ihrem Rücken gegen sie intrigierte, sie verleumdete und überall herabsetzte. Dies löste schließlich bei meiner Frau schon körperliches Unwohlsein aus, wenn sie diese Mitarbeiterin nur traf. Und mir ging es einmal ähnlich mit einem Vorgesetzten, der viel lieber Berufsoffizier gewesen wäre, der seine Arbeitsgruppe nach striktem militärischen Reglement führte und keinen Widerspruch dulden wollte: nur an ihn zu denken genügte, um mich zu ärgern.

Ich höre immer wieder von ähnlichen Erfahrungen, und aus Gesprächen weiß ich, dass gerade bewusste Christen daran leiden, solche ‚Ärgerer vom Dienst' zu haben. Mit dem jedes freundliche oder gar konstruktive Gespräch sinnlos erscheint, weil man immer auf der Hut – und das heißt: in innerlicher Abwehrhaltung – ist. oder weil man die hundertste Wiederholung einer Leidensgeschichte mit Klagen über die ‚böse Welt', die ‚Jugend von heute' oder die ‚Schlechtigkeit der Mitmenschen' einfach nicht mehr anhören kann. Und das Wissen, dass dies ein eigentlich ein zutiefst ‚unchristliches', weil liebloses Verhalten ist, macht die Sache nur noch schlimmer. So steht doch gerade in dem Brief des Apostels Paulus an die Kolosser jenes gute Wort: *„Ertragt euch gegenseitig, und vergebt einander, wenn einer dem anderen etwas vorzuwerfen hat. Wie der Herr euch vergeben hat, so vergebt auch ihr!"* Und Jörg Zink, dessen Übertragung des Neuen Testamentes so vielen einen neuen Zugang zu formelhaft gewordenen Texten eröffnet hat, formuliert: *„Haltet es miteinander aus und verzeiht einander, wenn ihr euch gegenseitig Vorwürfe zu machen habt. Christus hat euch verziehen. Tut es nun auch gegenseitig."*

Man selbst würde sich ja so gerne vertragen, es mit dem anderen aushalten und ihm verzeihen – aber wenn der andere eben ein solches Ekel ist und jedes Nachgeben oder jeder Versuch, mit ihm auszukommen als Zeichen der Schwäche oder gar der Unterwerfung ansehen würde ... und schon ist man wieder dabei, alles das aufzulisten und aus dem Gedächtnis hervorzuholen, womit dieser Bösewicht einem das Leben schwer gemacht hat und immer wieder neue Unerträglichkeiten in unser Leben bringt.

Und so kann das Pendel hin- und her schwingen zwischen Schuldbewusstsein, dem Gegenüber Liebe, Zuwendung und Vergebung schuldig

geblieben zu sein, guten Vorsätzen, sich noch einmal überwinden zu wollen und es noch einmal zu versuchen – und erneuten Erfahrungen und Verletzungen, die zu bestätigen scheinen, dass jeder Versuch zwecklos ist. In dem Brief an die Epheser wird ein Bild angesprochen, das zunächst eigenartig erscheint und das wir bei einem ersten Hören als ,wirklichkeitsfremd', ,unrealistisch', vielleicht sogar als ,typisch christliche Wunschvorstellung – aber eben ohne Bezug zu den Realitäten des Lebens' bezeichnen mögen.
Da schreibt der Verfasser Paulus oder einer seiner Schüler:
„Gott gebe euch erleuchtete Augen des Herzens, damit ihr erkennt, zu welcher Hoffnung ihr von ihm berufen seid ..."
Ein gewöhnungsbedürftiges Bild: „Augen des Herzens?" – so etwas mag man bei frisch Verliebten suchen, die dazu neigen, alle Fehler ihres Partners entweder ganz zu übersehen oder nur in einem für den anderen vorteilhaften Licht – aber für das harte Leben des Alltags und des Konkurrenzkampfes auf allen möglichen Gebieten? Ist das dann nicht einfach zuviel des Guten?

Ich habe mit diesem Bild lange nichts anzufangen gewusst – bis ich mich einmal über besagten Vorgesetzten so geärgert hatte, dass ich nur noch daran denken konnte, wie ich ihm einmal eins auswischen und ihn so richtig blamieren könnte – aus einer wohl abgesicherten Position heraus, versteht sich. Und diese Überlegungen bekamen dann ein unheimliches Eigenleben und immer mehr meiner Gedanken begannen darum zu kreisen. Eines Morgens fragte ich mich dann: Ist dieser Mann nicht eigentlich ganz arm darin, dass er niemand hat, der ihn sieht oder gar ernst nimmt in dem, wie er sich selbst sieht und von anderen wahrgenommen werden möchte? Er wird doch überall nur abgelehnt und hat niemand, der ihn liebt?
Wir Mitarbeiter kannten seine Frau und wussten, wie verzweifelt sie über seine Art des Umgangs war und dass sie ihn wohl nur der gemeinsamen Kinder wegen ertragen konnte. Ich habe kein ,klärendes Gespräch' mit ihm gesucht oder sonstige Aktionen in die Wege geleitet, sondern nur begonnen, ihm sehr freundlich gegenüberzutreten und mich nicht mehr über ihn zu ärgern – so freundlich und doch auf Distanz bedacht, dass es keiner meiner Kollegen als „Kriecherei" oder „Einschmeicheln-wollen" auslegen konnte, aber eben doch anders als vorher. Und da wurde mit einem Male das Bild von den ,erleuchteten Augen des Herzens' ein Stück Realität, und ich habe später manches Mal daran gedacht, wie es ist, aus einem solchen Teufelskreis, sich

permanent über jemand zu ärgern, der einem dann auch immer neuen Grund dazu gibt, auszubrechen.

Mir persönlich hat es sehr gut getan – ich fühlte mich mit einem Male ‚befreit' und sah keinen Grund mehr, meinem ungeliebten Vorgesetzter mit Vorsicht und Verbissenheit gegenüberzutreten. Ein Stückchen von gelebtem *„Haltet es miteinander aus, und vergebet einander, wenn einer dem anderen etwas vorzuwerfen hat"*. Dass das nicht immer funktioniert und zu Entspannung und neuem Umgang miteinander führt, musste meine Frau leidvoll erfahren: ihre Stellvertreterin war auch durch noch soviel Entgegenkommen und liebevolle Zuwendung nicht abzubringen von ihrer Fixierung darauf, die Stelle meiner Frau möglichst schnell haben zu wollen. Sie ist schließlich daran gescheitert und verschwand spurlos.

Meine eigene Erfahrung, dass die Bilder von den ‚erleuchteten Augen des Herzens' und dem „Haltet es miteinander aus und vergebet einander" selbst in einer von extremen Belastungen geprägten beruflichen Umwelt Wirklichkeit werden und den Umgang menschlicher machen können, sind seither mit mir mitgegangen als Hoffnung und gern weitergegebene Anregung für andere. Auch wenn das nicht immer Erfolg haben muss und man eine lange Diskussion führen mag über Chancen und Einzelfälle und unzulässige Verallgemeinerungen – für mich bleibt es ein Stück gelebter Auftrag Christi, jeder solchen Möglichkeit nachzugehen.

Wenn Sie daran denken, wem Sie heute nicht begegnen möchten, weil Sie damit Ärger und hochkommende Verbitterung vorprogrammiert sehen: denken Sie doch bitte an diese meine Erfahrung und daran, ob sie auch Ihnen etwas sagen und helfen kann.

1.5 Arbeitsteilung und Qualitätssicherung

Galater 2,1-10 (rev. Lutherübersetzung 1984)

Der Apostel Paulus schreibt:
Vierzehn Jahre später zog ich abermals hinauf nach Jerusalem mit Barnabas und nahm auch Titus mit mir.
Ich zog aber hinauf aufgrund einer Offenbarung und besprach mich mit ihnen über das Evangelium, das ich predige unter den Heiden, besonders aber mit denen, die das Ansehen hatten. damit ich nicht etwa vergeblich liefe oder gelaufen wäre.
Aber selbst Titus, der bei mir war, ein Grieche, wurde nicht gezwungen, sich beschneiden zu lassen. Denn es hatten sich einige falsche Brüder mit eingedrängt und neben eingeschlichen, um unsere Freiheit auszukundschaften, die wir in Christus Jesus haben, und uns zu knechten.
Denen wichen wir auch nicht eine Stunde und unterwarfen uns ihnen nicht, damit die Wahrheit des Evangeliums bei euch bestehen bliebe.
Von denen aber, die das Ansehen hatten – was sie früher gewesen sind, daran liegt mir nichts; denn Gott achtet das Ansehen der Menschen nicht –, mir haben die, die das Ansehen hatten, nichts weiter auferlegt. Im Gegenteil, da sie sahen, dass mir anvertraut war das Evangelium an die Heiden so wie Petrus das Evangelium an die Juden – denn der in Petrus wirksam gewesen ist zum Apostelamt unter den Juden, der ist auch in mir wirksam gewesen unter den Heiden – und da sie die Gnade erkannten, die mir gegeben war, gaben Jakobus und Kephas und Johannes, die als Säulen angesehen werden, mir und Barnabas die rechte Hand und wurden mit uns eins, dass wir unter den Heiden, sie aber unter den Juden predigen sollten, nur dass wir an die Armen dächten, was ich mich auch eifrig bemüht habe zu tun.

Der Galaterbrief ist eines der frühesten Zeugnisse des jungen Christentums. Er ist auf das ‚Neue' konzentriert, das mit Jesus Christus in die Welt gekommen ist und das Altes ablöst.
Bei dem Treffen in Jerusalem, über das Paulus hier berichtet, geht es vordergründig um zweierlei, das wir modern wie folgt bezeichnen können: Bestätigung einer Arbeitsteilung und Qualitätsüberprüfung und Qualitätsbestätigung. Mögen diese modernen Bezeichnungen auch in einer Predigt ungewöhnlich klingen: Sie beschreiben genau entscheidende Fragen, die sich für Paulus in 14 Jahren Missionstätigkeit angesammelt haben. Durch den von ihm angesprochenen Konflikt „mit falschen Brüdern, die sich eingeschlichen hatten, um uns zu knechten" sind diese Fragen so brennend geworden, dass hier eine Grundsatzentscheidung herbeigeführt werden muss.

Beginnen wir mit der Bestätigung der ‚Arbeitsteilung' .
Es hat sich ergeben und als zweckmäßig erwiesen, dass Paulus mit seinen

Assistenten in Anatolien die Botschaft von Jesus Christus verkündet, während Petrus mit anderen diese Botschaft unter Juden in Palästina verbreitet. Zwei getrennte Arbeitsgebiete mit sehr unterschiedlichen Zielgruppen: Für Paulus die Nicht-Juden in Anatolien, die neben der griechischen Religion und Philosophie unterschiedlichen lokalen Glaubensrichtungen und Kulten anhängen – und für Petrus die Juden und Sympathisanten des jüdischen Glaubens in Palästina. Eine sehr sinnvolle Trennung der Arbeitsbereiche und damit Missionsgebiete: Der hochgebildete Theologe Paulus muss hauptsächlich Nicht-Juden von der Bedeutung der Botschaft von Jesus Christus für alle Menschen überzeugen. Und muss dabei mit dem Widerstand gebildeter Griechen rechnen. Die sehr viel einfacher strukturierten Nachfolger Jesu um Petrus können in ihrer Verkündigung an Juden direkt anknüpfen an die jüdische Überlieferung ,der Schrift' und benötigen dafür keine theologischen Spezialkenntnisse.

Zu dieser Trennung der Arbeitsfelder kommt dann noch die Frage der Qualitätsüberprüfung und Qualitätsbestätigung: Nach dem Konflikt mit den ,falschen Brüdern', den Paulus – wie der weitere Text zeigt – keineswegs auf die leichte Schulter nimmt, ist nun eine grundsätzliche Klärung dringend notwendig: Steht die Verkündigung des Apostels Paulus und seiner Mitarbeiter in Einklang mit der von der Jerusalemer ,Muttergemeinde' akzeptierten Botschaft von Jesus Christus – oder befindet er sich auf Wegen, die von dieser Botschaft abweichen? Eine Frage, die für die Menschen, die über seiner Verkündigung zu Jesus Christus gefunden haben, von existentieller Bedeutung ist. Von existentieller Bedeutung deshalb, weil ,die falschen Brüder' die Authentizität und damit Gültigkeit seiner Verkündigung bestreiten. Hier wäre nun eigentlich eine geschichtliche Betrachtung angebracht über die Bedeutung des jüdischen Glaubens und seiner Ausbreitung im Raum des östlichen Mittelmeeres – eine Betrachtung, mit der ich Sie nicht belasten werde. Nur so weit: Indem die ,falschen Brüder' fordern, dass zum Glauben an Jesus kommende Christen zuerst Juden werden und die ganze Last des Gesetzes auf sich nehmen müssen, folgen sie der Praxis jüdischer Missionare oder Verkündiger: Erst als Juden soll es Menschen möglich werden, durchzudringen zu der ,Freiheit der Kinder Gottes', wie sie Paulus verkündigt.

Paulus wehrt sich vehement gegen diese Forderung, weil sie seinem

Verständnis der Botschaft von Jesus widerspricht und weil sie seine Verkündigung als unglaubwürdig erscheinen lassen würde. Deshalb ist für ihn das Einverständnis der großen Lehrer in Jerusalem lebenswichtig – für ihn selbst, aber mehr noch in der Verantwortung für die Menschen, denen er Jesus Christus gepredigt hat. Denn sie sind es, die durch das Auftreten und die Verkündigung der ‚falschen Brüder' verunsichert und in ihrem Glauben wankend werden können.

In unserm Text hält es Paulus nicht für notwendig, sich detailliert auszulassen über den Inhalt der Gespräche, die er geführt hat. Ihm reicht die Bestätigung der Leiter der Jerusalemer Gemeinde, dass seine Verkündigung in Übereinstimmung steht mit dem, was die junge Kirche versteht unter der guten Botschaft von Jesus Christus – und dass er frei ist, weiter so zu predigen. Die Verpflichtung, Geld zu sammeln für die Armen, besonders in Jerusalem, die nimmt er gerne auf sich.
Was aber nehmen wir mit aus diesem Text, der in der Diktion der Luther-84-Übersetzung etwas gewöhnungsbedürftig daherkommt?
Nach einer ersten Klärung der Frage ‚Arbeitsteilung': Wie sollen nun ‚Qualitätsüberprüfung' und ‚Qualitätsbestätigung' in unser Heute übertragen werden?
Qualitätsüberprüfung und Qualitätsbestätigung im Sinne unseres Textes sind gerade heute sehr aktuell. Denn hier geht es um das Einverständnis darüber, dass jede aktuelle Verkündigung auf dem Boden der Heiligen Schrift stehen muss. Ein konkretes Beispiel dazu aus Bonn: Die örtliche Arbeitsgemeinschaft Christlicher Kirchen wird immer wieder gebeten, kleinere sogenannte Freikirchen aufzunehmen. Solche Antragsteller waren etwa die Pfingst-Gemeinde und die Adventisten. Und da geht es dann eben darum, festzustellen, ob die Antragsteller in ihren wesentlichen Glaubensaussagen ganz auf dem Boden der Heiligen Schrift stehen – also ‚Qualitätsüberprüfung'. ‚Qualitätsbestätigung' bedeutet dann, dass die antragstellende Gemeinde aufgenommen werden kann. Dass es unterhalb der ‚Grundbedingungen' dann sehr unterschiedliche Positionen gibt auch in christlichen Kirchen und Gemeinden, das erleben wir doch, wenn es um Fragen etwa der Bewertung der Homosexualität oder von Abtreibung geht. Da können Christen darüber und gelegentlich sehr erbittert streiten, wie die einschlägigen Texte der Heiligen Schrift heute zu verstehen und auszulegen

sind. Ganz zu schweigen darüber, wenn es um unterschiedliche Positionen zwischen Katholizismus und Protestantismus geht – etwa zu Fragen von Ehescheidung und Wiederverheiratung. Fragen einer unterschiedlichen Auslegung und dann auch Wertung vorliegender Texte, die aber nicht mehr ‚kirchentrennend' sein sollen.

Es zeigt sich dann aber auch, dass das Thema Arbeitsteilung bis in unsere Tage sehr aktuell geblieben ist. Die Kirchengeschichte besagt, dass der ‚judenchristliche Teil' des frühen Christentums in den Stürmen des großen jüdischen Krieges und des späteren Bar-Kochba-Aufstandes untergegangen ist: Römische Legionäre und Verwaltungsbeamte konnten wohl kaum zwischen Juden und Judenchristen unterscheiden und verfolgten die einen wie die anderen. Aber wir erleben diese frühchristliche Auseinandersetzung heute da in Neuauflage, wo etwa einige evangelische Landeskirchen entschieden Front machen gegen die Verkündigung der frohen Botschaft von Jesus Christus an Juden, wie sie etwa aus Osteuropa nach Deutschland kommen. Und wenn dann diese ‚messianischen Juden' konsequent ausgeschlossen werden von der Teilnahme an evangelischen Kirchentagen, zu denen ansonsten Vertreter aller möglichen Religionen begrüßt werden. Und wir erleben dieses Thema Arbeitsteilung in einer ganz neuen Variante da, wo Vertreter christlicher Kirchen aus Angst oder anderen Gründen Muslimen und Buddhisten nicht mehr die frohe Botschaft von Jesus Christus verkünden wollen. Ohne dass ich im Detail auf Gründe eingehen will, warum das so oder was dahinter steht: hier kommt es ganz zwangsläufig zu einer Arbeitsteilung darin, dass Vertreter evangelischer Freikirchen eine solche ‚Selbstbeschränkung' oder ‚Missionsverweigerung' nicht akzeptieren. Und dann eben weiter dem Missionsauftrag Jesu ohne opportunistische Rücksichtnahmen gehorchen.

Sie sehen, wie aktuell gerade heute ist, was in der Einführung in das 2. Kapitel des Briefes an die Galater berichtet wird und wo man zwischen den Zeilen lesen muss, um die Dramatik der Situation zu verstehen. Herausforderung an uns, uns Gedanken zu machen über diesen 2000 Jahre alten und doch so aktuellen Bericht. Wie wollen wir umgehen mit den hier aufgeworfenen Fragen? Und wer sagt heute, was ‚richtig' oder ‚nicht richtig' ist in der Verkündigung des Evangeliums?

1.6 Die gefährdete Schöpfung bedeutet Gnadenzeit für uns

Offenbarung 7,1-4 und 9-10 (Einheitsübersetzung)

„Danach sah ich: Vier Engel standen an den vier Ecken der Erde. Sie hielten die vier Winde der Erde fest, damit der Wind weder über das Land noch über das Meer wehte, noch gegen irgendeinen Baum. Dann sah ich von Osten her einen anderen Engel emporsteigen; er hatte das Siegel des lebendigen Gottes und rief den vier Engeln, denen die Macht gegeben war, dem Land und dem Meer Schaden zuzufügen, mit lauter Stimme zu: Fügt dem Land, dem Meer und den Bäumen keinen Schaden zu, bis wir den Knechten unseres Gottes das Siegel auf die Stirn gedrückt haben. Und ich erfuhr die Zahl derer, die mit dem Siegel gekennzeichnet waren. Es waren hundertvierundvierzigtausend aus allen Stämmen der Söhne Israels, die das Siegel trugen.

Danach sah ich eine große Schar aus allen Nationen und Stämmen, Völkern und Sprachen; niemand konnte sie zählen. Sie standen in weißen Gewändern vor dem Thron und vor dem Lamm und trugen Palmzweige in den Händen. Sie riefen mit lauter Stimme: Die Rettung kommt von unserem Gott, der auf dem Thron sitzt, und von dem Lamm."

Dieses Bild erinnert sofort an Sturmfluten, an Monsterwellen und an Tsunamis, die mit verheerender Kraft Schiffe versenken und ganze Städte und Landstriche verwüsten können. Aber der zurückgehaltene Wind steht hier symbolisch für alle zerstörerischen Kräfte der Natur: Stürme, Erdbeben, Überschwemmungen, Vulkanausbrüche und sicher auch Klimawandel. Vor allen diesen Naturgewalten sollen Gottes Engel die Menschen bewahren, bis sie diese Kräfte auf einen besonderen Befehl hin freigeben dürfen.
Wir wissen heute um noch viel schlimmere Bedrohungen menschlichen Lebens durch Naturgewalten als sie der Verfasser der Offenbarung kannte: Vor kurzem dokumentierte eine Fernsehsendung, dass sich unter dem Yellowstone-Nationalpark in den USA eine riesige Magma-Kammer mit glutflüssigem Gestein befindet, die sich alle 600-700000 Jahre explosionsartig entleert und dann den ganzen Kontinent in eine lebensfeindliche Aschenwüste verwandelt mit verheerenden Auswirkungen für das Leben auf der ganzen Erde.

Dabei ist dies nur eine von 10 derartigen Magma-Kammern, die über die ganze Erde verteilt sind und die sich ganz kurzfristig explosionsartig

entleeren können. Gegen die Auswirkungen solcher Entladungen sind Vulkanausbrüche, Erdbeben und Tsunamis geradezu Kleinigkeiten:
Bei dem letzten Ausbruch einer solchen Magma-Kammer vor etwa 70 000 Jahren auf der Insel Sumatra überlebten nach nachvollziehbaren Schätzungen weltweit nur einige Tausend der damals auf der ganzen Welt lebenden Menschen die Folgen dieses Ausbruchs. Und Geologen können nicht voraussagen, wann und wo der nächste derartige Ausbruch stattfinden wird mit Folgen, die jenseits unseres Vorstellungsvermögens liegen.
Wissenschaftliche Erkenntnisse, die für viele Christen unangenehm wirken mögen, an denen wir aber nicht dadurch vorbeikommen, dass wir uns weigern, sie zur Kenntnis zu nehmen.

Wie aber sollen wir heute umgehen mit diesem Bild der Engel, die das drohende Unheil zurückhalten?
Sicher kann ich diesen Text verstehen als Zeugnis einer Zeit, in der die Wiederkunft Jesu und damit das Ende der Welt als so unmittelbar bevorstehend gesehen wurde, dass Christen Fragen an eine ‚ferne Zukunft' gar nicht erst gestellt haben. Aber heute muss ich fragen, was dieser Text dann mehr als 1900 Jahre später für mich bedeuten soll oder kann. Eins ist gewiss: Die Zeit, während der das Unheil noch zurückgehalten wird, ist eine Zeit der Gnade und der Verschonung. Eine Zeit, die wir – wie es an anderer Stelle heißt – ‚auskaufen' und aus der wir das bestmögliche machen sollen. ‚Wir?' Natürlich klingt es gut, hier zu verallgemeinern, weil es irgendwie ja alle Christen betrifft. Aber wenn es um Entscheidungen des Glaubens geht, die der einzelne nur für sich treffen kann, dann gehört an die Stelle des ‚wir' ein ‚ich'; denn dann geht es um einen persönlichen Anruf, einen Anruf an das ‚Ich'. Das heißt dann, dass ich selbst gefordert und herausgefordert bin, so zu leben, dass ich zu denen gezählt werde, denen der Engel das Siegel Gottes auf die Stirn drücken wird. Die direkte Frage nach einem ‚Aber wie soll ich denn leben, damit ich zu den ‚Versiegelten' gehöre?', die hat Jesus beantwortet – für Menschen, die ihn direkt fragten und dann in der großen Gerichtsrede im Matthäus-Evangelium. Aber wie steht es heute damit um mich? „Du aber gehe hin und tue desgleichen!" – so die Bilanz des Gleichnisses vom barmherzigen Samariter. Was Jesus hier als beispielhaft praktizierte Barmherzigkeit aufzeigt, das gilt heute genauso in einer Vielfalt von Situationen. Das heißt dann auch für mich, mich einzumischen, wenn es um Nöte ‚des Nächsten' geht

– eben des Nächsten, den Gott mir an den Weg oder in den Weg stellt. Und dafür gibt es viele unterschiedliche Möglichkeiten von der Unterstützung eines Werkes für Menschen in Not – und ich selbst spende gerne für Geschwister im Glauben, die besonders in islamischen Ländern verfolgt und unterdrückt werden und die nur im Geheimen oder unter Bedrohung etwas von Jesus erfahren dürfen – bis zum Einsatz in unserer Stadt für die Randsiedler der Gesellschaft. Wir denken immer noch voller Bewunderung und Dankbarkeit an eine Frau, die mit wenigen Helfern Abend für Abend zu den nach Bonn auf den Straßenstrich verschleppten Prostituierten ging, um sie zu besuchen und ihnen mit kleinen Geschenken und dem Angebot von Hilfe in besonderen Notsituationen etwas weiterzugeben von der Liebe, die sie selbst von Jesus erfahren hatte und in ihrem Herzen trug. Wenn das gilt, was wir von Jesu Liebe erfahren haben, dann war sie sicher jemand, der dieses Siegel auf die Stirn gedrückt bekam – und wir wissen sie heute bei Gott gut aufgehoben.

Das ist dann zentrale Aussage dieser Verse: Die Zeit, in der wir leben, ist Zeit der Chancen, die Gott jedem einzelnen gibt, um mit ihm ins Reine zu kommen, um sich von Jesus finden zu lassen. Und um ein solches gefunden worden sein dann auch umzusetzen in einen Lebensstil, der zeigt, dass ich diese meine Berufung ernst nehme. Um ein Leben zu führen, das etwas widerspiegelt von der empfangenen Liebe Jesu und das dazu beiträgt, dass das Leben auf dieser Erde im Geiste Jesu ‚lebenswerter' wird. Gott hat Geduld: mit mir, mit dem Leben auf dieser Erde, mit seiner Schöpfung.

Der zweite Teil des Textes steht dann für den Anspruch der jungen Kirche, dass Gott seine Zusagen an das Volk Israel auf sie übertragen hat und in ihr vollenden wird. Für den Verfasser des Textes ist es ‚Wahrheit seines Glaubens', dass Gottes Verheißungen an das Volk Israel dann auch bei den Christen ihre Erfüllung finden werden.

Was einen Teil dieses Textes für den heutigen Leser schwer zugänglich macht, ist die ihm zugrunde liegende Zahlenmystik.
Im alten Orient ist die Zahl ‚12' eine ‚Heilige Zahl', eine Zahl, die für ‚Vollkommenheit' steht. Dies geht zurück auf die uralte Kultur der Sumerer im Zweistromland, deren Zahlensystem ein ‚Zwölfersystem' war – angelehnt an die zwölf Monate des Jahres. Das Alte Testament übernimmt diese Bedeutung

der Zahl 12 und demonstriert sie in verschiedenen Textzusammenhängen. Auch das Neue Testament übernimmt dann diese Zahl – und so versammelt Jesus 12 Jünger um sich als Repräsentanten der 12 Stämme Israels.
12 mal 12 – das steht dann für eine noch höhere Stufe der Vollkommenheit. Die Zahl 1000 wiederum steht für eine große Menge, für ‚Fülle', und die Verbindung der Zahlen 144 und 1000 symbolisiert dann eine große und geradezu unüberschaubare Menge, die symbolisch zu einem Ausdruck wird für die Größe der Gnade Gottes bei der hier ‚Versiegelung' genannten Annahme von Menschen in seine Gegenwart. In die Gegenwart Gottes in jener ‚neuen' Schöpfung, wie sie in den letzten Kapiteln des Buches der Offenbarung beschrieben wird als Vollendung des Heilsplanes Gottes mit der Schilderung des ‚Neuen Jerusalem' das vom Himmel herabkommt.

Uns ist diese Zahlenmystik heute fremd geworden – aber in der Geschichte der Kirche hat es Zeiten gegeben, in denen diese Zahlenangaben wortwörtlich genommen wurden, zu erbitterten Auseinandersetzungen zwischen Christen aus unterschiedlichen Denominationen führten und Menschen völlig verunsicherten. Auseinandersetzungen, die sich dann auf die Frage ausweiteten, ob und inwieweit die Christenheit Erbe oder gar Alleinerbe der alttestamentlichen Verheißungen Gottes geworden ist. Eine Frage, auf die alleine Gott eine Antwort geben kann – eine Antwort, die wir ihm anheimstellen sollen.

Für uns und die Herausforderungen, mit denen wir heute leben müssen, haben diese Zahlenangaben und diese Auseinandersetzungen ihre frühere Bedeutung verloren: Gott erwartet von mir und von jedem von uns, mit unserem Leben in einer Welt voller Bedrohungen ganz anderer Art als in den Eingangsversen geschildert, Zeugnis abzulegen dafür, dass wir diese Welt immer noch als seine Welt und seine Schöpfung glauben. Eine Schöpfung, die allein er bewahren kann und will in den Zeitmaßstäben, die er setzt – und in der er uns Chancen gibt für ein gelingendes Leben in der Fülle, die uns Jesus versprochen hat, wenn er sagt: *„Ich bin gekommen, dass sie das Leben haben und es in Fülle haben."*

2. Leitfiguren und Vorbilder

2.1 Allein zurückbleiben

Predigt über 2. Könige 2,2-18 (Hoffnung für Alle)

Die Zeit von Ostern bis Himmelfahrt ist in den Berichten der Evangelien eine Zeit des Abschiednehmens. Der auferstandene Herr Jesus Christus bereitet seine Jünger vor auf die Zeit ohne ihn – und sein sporadisches und unvorhersehbares Auftreten muss gerade die, die sonst immer so vertraut mit ihm zusammen gewesen waren, verunsichert haben. Ist ihnen erst jetzt langsam bewusst geworden, was sie nicht fassen und nicht wahrhaben wollten, als er in seinen Leidensankündigungen davon sprach: ‚In Zukunft werden sie ohne ihn auskommen müssen'?

Auch die Geschichte der Emmaus-Jünger ist eine solche Abschiedsgeschichte: In dem Augenblick, als die Jünger Jesus erkennen, verschwindet er vor ihren Augen. Diese Geschichte, die immer wieder nachösterlicher Predigttext ist, zeigt sehr eindringlich, dass Jesu Jünger trotz allen Bemühens, das er sich mit ihnen gegeben hat, seinen Auftrag nicht verstanden haben, sondern darauf angewiesen waren, dass er selbst ihnen erklärte, was der Sinn seiner Sendung, seines Lebens und Sterbens war – und wie darin die Kontinuität des Handelns Gottes mit seinem Volk zu sehen ist.

Ich möchte heute über eine Abschiedsgeschichte aus dem Alten Testament predigen, die vom Abschied eines großen Gottesmannes handelt, der ebenfalls viel Verfolgung, Ausgrenzung und Einsamkeit erfahren hat. Und der am Ende seines Lebens mit leeren Händen dasteht, keinerlei bleibenden Erfolg vorweisen kann und sein Wirken im Bemühen um das Volk Israel letztlich als vergeblich sehen muss: Der Abschied des Propheten Elia.

Elia hat – als eine zentrale Gestalt des Alten Testaments – Übermenschliches geleistet in seinem Eintreten für die Sache Gottes gegen alle Versuche, in Israel die Kulte der kanaanäischen Götter einzuführen. Die Erinnerung an ihn und seine Taten war im Bewusstsein der Zeitgenossen Jesu so lebendig, dass dieser im Bericht der Evangelien mehrfach mit ihm in Beziehung gebracht und sogar als 'wiedergekommener Elia' angesehen wurde.

Nach einem Leben, das gezeichnet war von vielfachem Gejagtwerden und Todesdrohungen, hat Gott etwas Besonderes mit Elia vor – darüber berichtet der folgende Text, der den Abschied zwischen Elia und seinem Schüler Elisa schildert:

Der Tag kam, an dem der Herr den Propheten Elia in einem Wirbelsturm zu sich in den Himmel holen wollte. An diesem Tage verließen Elia und Elisa die Stadt Gilgal. Unterwegs sagte Elia zu Elisa: „Willst du nicht hierbleiben? Ich muss nach Bethel, denn der Herr hat mich dorthin geschickt." Doch Elisa wehrte ab: „So gewiss der Herr lebt und so gewiss du lebst – ich verlasse dich nicht!"

So wanderten sie zusammen hinunter nach Bethel. Dort kamen ihnen einige Prophetenjünger entgegen, die in Bethel zusammen lebten. Sie nahmen Elisa beiseite und fragten ihn: „Weißt du es schon? Der Herr wird heute deinen Lehrer zu sich holen!" „Ja, ich weiß es", antwortete Elisa, „redet bitte nicht darüber!" Wieder sagte Elia zu seinem Begleiter: „Elisa, willst du nicht hier bleiben? Ich muss weiter nach Jericho, denn der Herr hat mich dorthin geschickt." Elisa antwortete: „So gewiss der Herr lebt und so gewiss du lebst – ich verlasse dich nicht!"

Sie wanderten gemeinsam weiter und kamen nach Jericho. Auch hier sprachen einige Prophetenjünger, die in der Stadt wohnten, Elisa an und fragten ihn: „Weißt du, dass der Herr deinen Lehrer heute zu sich holen wird?" Und wieder antwortete Elisa: „Ja, ich weiß es. Sprecht bitte nicht darüber!"

Elia fragte Elisa zum dritten Mal: „Willst du nicht hier bleiben? Ich muss weiter an den Jordan, denn der Herr hat mich dorthin geschickt." Doch auch jetzt antwortete Elisa: „So gewiss der Herr lebt und so gewiss du lebst – ich verlasse dich nicht!"

Dann gingen sie gemeinsam weiter. Fünfzig Prophetenjünger aus Jericho folgten ihnen. Als Elia und Elisa den Jordan erreichten, blieben ihre Begleiter in einiger Entfernung stehen. Elia zog seinen Mantel aus, rollte ihn zusammen und schlug damit auf das Wasser. Da teilte es sich, und die beiden konnten trocknen Fußes das Flussbett durchqueren. Am anderen Ufer sagte Elia zu Elisa: „Ich möchte noch etwas für dich tun, bevor ich von dir genommen werde. Hast du einen Wunsch?" Da antwortete Elisa: „Ich möchte als dein Schüler und Nachfolger doppelt soviel von deinem Geist bekommen wie die anderen Propheten!" Elia wandte ein: „Das liegt nicht in meiner Macht. Aber wenn der Herr dich sehen lässt, wie ich von hier weggeholt werde, dann wirst du erhalten, worum du gebeten hast. Wenn nicht, dann geht auch dein Wunsch nicht in Erfüllung."

Während die beiden so in ihr Gespräch vertieft weitergingen, erschien plötzlich ein Wagen aus Feuer, gezogen von Pferden aus Feuer, und trennte die Männer voneinander.

Und dann wurde Elia in einem Wirbelsturm zum Himmel hinaufgetragen. Elisa sah es und schrie: „Mein Vater, mein Vater! Du Beschützer und Führer Israels!"

Doch schon war alles vorbei. Aufgewühlt packte Elisa sein Gewand und riss es entzwei. Dann hob er Elias Mantel auf, der zu Boden gefallen war, und ging zum Jordan zurück. Wie vorher sein Lehrer Elia schlug er jetzt mit dem Mantel auf das Wasser und rief: „Wo ist der Herr, der Gott Elias?" Da teilte sich das Wasser, und Elisa konnte den Fluss wieder durchqueren. Als die Prophetenjünger, die den beiden Männern aus Jericho gefolgt waren, Elisa zurückkommen sahen, sagten sie zueinander: „Der Geist Elias ist nun auf Elisa übergegangen!" Sie liefen zu ihm und warfen sich ehrfürchtig vor ihm zu Boden. „Meister", sagten sie, „ein Wort von dir genügt, und wir schicken unsere fünfzig kräftigsten Männer los, um deinen Lehrer zu suchen! Vielleicht hat der Geist des Herrn ihn nur von hier weggetragen und irgendwo auf einen Berg oder in ein Tal geworfen." Elisa wehrte ab. Doch sie ließen nicht locker, bis er schließlich nachgab und sagte: „Meinetwegen schickt sie los." Drei Tage lang suchten die fünfzig Männer nach Elia, doch ohne Erfolg. Endlich kehrten sie zu Elisa zurück, der in Jericho geblieben war. Er bemerkte nur: „Ich habe euch ja gleich gesagt, dass ihr euch die Mühe sparen könnt!"

Eine dramatische Geschichte mit vielerlei einzelnen Zügen, denen nachzugehen sich lohnen würde: die Treue eines Schülers, der seinem verehrten Lehrer und Vorbild bis zuletzt nahe sein und der deshalb nicht daran erinnert werden will, dass dieser Abschied unvermeidlich ist, die rastlose Wanderung der beiden durch die Landschaft Palästinas zu immer neuen Zielen, wobei Elia immer wieder Elisa abschütteln möchte, um allein zu sein, wenn Gott ihn zu sich holt, der letzte Wunsch des Schülers mit der Bitte um nochmalige Bestätigung der Nachfolge, die doch allein Sache Gottes ist, und schließlich die vergebliche Suche der Prophetenjünger nach Elia, die so überflüssig scheint, die aber letztlich doch wichtig ist für die Bestätigung der Legitimität des Elisa als Nachfolgers Elia.

Alles Motive, die uns in der einen oder anderen Form nicht fremd sind.

Ich möchte stattdessen ein anderes Motiv ansprechen, das nicht nur eine Brücke schlägt zu dem schon angesprochenen Verhalten der Jünger Jesu nach Ostern, sondern das uns Elisa auch menschlich sehr nahe bringt: die Angst vor dem Alleingelassenwerden in einer feindlichen Welt. Die Angst, sich in einer Rolle zu finden und Verantwortung zugeschoben zu bekommen, denen man sich nicht gewachsen fühlt.

Mit Elisas Aufschrei „Mein Vater, mein Vater! Du Beschützer und Führer Israels!" bricht aus ihm heraus, was in seinem Leben bestimmend geworden ist, seit er von Elia in Gottes Dienst gerufen und als Schüler angenommen worden ist. Elia ist ihm geistiger Vater geworden – und er hat die Mittler- und damit Führerrolle erkannt, die Gott Elia zugewiesen hat ein langes Leben hindurch.

Diesen Vater als Vorbild zu verlieren und mit einem Male allein zu stehen – viel mehr aber noch die plötzliche Erkenntnis, dass er jetzt die Rolle des Ansprechpartners Gottes für die Weisungen an sein Volk und besonders an seine Könige wird übernehmen müssen – das trifft ihn als ein Schock. Denn diesen Königen gilt das Leben eines Propheten nichts, wenn er mit Weisungen im Auftrage Gottes ihre machtpolitischen Spiele oder ihre Hinwendung zu den Göttern Kanaans stört! All das bricht plötzlich über ihn herein: allein zu sein ohne einen geistigen Mentor, ohne Vaterfigur, zu der er flüchten konnte, allein zu sein als Mittler zwischen Gott und Königen, die ihm, wie er es so oft bei Elia erlebte, nach dem Leben trachten werden, wenn er ihnen Botschaften Gottes bringt, die sie nicht hören wollen und schließlich allein zu stehen in der Spannung zwischen der Liebe zu seinem Volk, das immer wieder eigene Wege von Gott weg gehen will und dem berechtigten Zorn Gottes über diesen Ungehorsam.

Wenn wir uns die Mühe machen, nachzudenken und zu vergleichen: Wie viel von dieser Angst, die Elisa empfindet, steckt auch in den Jüngern Jesu nach seinem Tode, als sie als ein verängstigter Haufen aus Angst vor den Juden hinter verschlossenen Türen beisammensitzen? Und wie viel davon, jetzt alleine fertig werden zu müssen ist wiederzufinden in der Hoffnungslosigkeit und Resignation, mit der die Emmaus-Jünger Jesus begegnen?

Auch für Jesu Jünger ist der Lehrer und große Meister weg und nicht mehr greifbar – von seinem gelegentlichen Erscheinen abgesehen.
Aber irgendwann zwischen Ostern und Himmelfahrt – und die Evangelien und die Apostelgeschichte berichten hier unterschiedlich – wird auch er vor aller Augen von ihnen weggenommen.

Und in dieser Situation – hinter den verschlossenen Türen! – werden dann auch die Ängste und Fragen hochgewuchert sein: Wie soll es weitergehen, wenn die Repräsentanten des jüdischen Volkes – nachdem sie Jesus durch die römische Besatzungsmacht haben umbringen lassen – beschließen sollten, auch mit seinen Anhängern und Sympathisanten aufzuräumen, um jedwedem Weiterwirken seines revolutionären und die Grundlagen des Kultus angreifenden Gedankengutes und jedweder Legendenbildung ein für allemal einen Riegel vorzuschieben?

Warten dann auf die ‚Hauptschuldigen' des inneren Kreises Verhaftung, peinliche Verhöre, das Auftreten falscher Zeugen und Auslieferung an die Römer zur Aburteilung, was ja nun nicht ‚Kreuzigung', sondern auch langsamen Tod als Galeerensklaven oder in Bergwerken oder Steinbrüchen bedeuten kann? Können die ‚Minderbelasteten' mit Geldstrafen davonkommen, während es für die Mitläufer bei scharfen Verwarnungen bleiben kann? Fragen, die damals sicher gestellt wurden – und die Ereignisse, über die in den ersten Kapiteln der Apostelgeschichte berichtet wird, zeigen, dass es durchaus Grund für solche Fragen gab.

Die Gedanken des Elisa und die Gedanken der Jünger sind uns doch gar nicht so fremd oder soweit hergeholt: sie sind zutiefst menschlich.

Die Zwangslage, in der sich Elisa sieht: Nachfolger sein zu müssen mit unendlich viel Verantwortung, der er sich nicht, noch nicht oder so nicht gewachsen fühlt – eine Situation die doch auch in unserer Gesellschaft, in Wirtschaft und Politik immer wieder vorkommt. Wer ist der Verantwortung gewachsen, etwa eine Partei zu übernehmen, wenn der Patriarch plötzlich ausfällt?

Und gab es nicht auch in unserer Zeit vielfältige Versuche, als bedrohlich oder revolutionär angesehene Bewegungen auszulöschen, nachdem der oder die Führer mit mehr oder weniger legalen Mitteln aus dem Wege geräumt worden waren? Ist das alles soweit weg von uns – und wenn wir von den Ereignissen des zu Ende gegangenen Jahrhunderts in Deutschland und anderswo absehen – liefern uns die Medien nicht immer wieder neues Anschauungsmaterial dafür ins Haus?

Die angesichts der auf ihn zukommenden ‚Verantwortung in Einsamkeit' aufbrechende Angst Elisas und die Hoffnungslosigkeit und Angst der Jünger Jesu und seiner Anhängerinnen und Anhänger sind sehr menschlich und für uns nachfühlbar. Und deshalb ist die Bibel mit solchen Berichten für uns kein wer weiß wie fernes Buch, sondern glaubwürdig in ihren Aussagen über

Menschen, die uns in ihrem Denken und Handeln so nahe und so vertraut sind: Menschen, die Angst haben, Menschen, die nicht mehr weiter wissen, die zweifeln und die verzweifeln - so wie wir selbst immer und immer wieder.

Aber zugleich Menschen, die sich auch in Angst und Verzweiflung bis hin in äußere Hoffnungslosigkeit gehalten und getragen wissen von einem Gott, der ihnen zugewandt ist und bleibt - auch wenn das für einige Zeit gar nicht sichtbar zu sein scheint. Und das wird dann für uns Frage und Herausforderung zugleich:
Frage, ob und welche Situationen in unserm Leben vergleichbar waren oder sind mit denen, von denen hier berichtet wird, und Herausforderung, ob wir uns wie diese Menschen auf solche Zuwendung Gottes einlassen und verlassen wollen.

Die Situation der Jünger, die sich als Anhänger einer als staatsfeindlich und revolutionär verfolgten Bewegung verbergen und um ihr Leben fürchten, ist uns in unserer rechtsstaatlichen Demokratie sicher nicht hautnah - aber die Geschichte unseres Landes hat doch auch genug Anschauungsmaterial dafür geliefert. Und wenn die Medien immer wieder von Christen berichten, die sich ihres Glaubens wegen nur im Untergrund treffen können in ständiger Angst vor Aufgespürtwerden, Verbannung in Lager, Folter und Todesurteilen, wie beispielsweise in Nordkorea und den Ländern der islamischen Welt - dann sind uns auch die verängstigten Jünger Jesu hinter ihren verschlossenen Türen ganz nahe.

Und um auch die Parallele zwischen Elisa und den Jüngern Jesu noch einmal klar herauszustellen: nach den Erfahrungen von Elia musste auch Elisa den Zorn und die Verfolgung der Mächtigen fürchten. Zwei Abschiedsgeschichten, deren verängstigte Helden auf das Sichtbarwerden von Gottes Hilfe und Bevollmächtigung warten - auf den von Gott versprochenen Tröster, den Heiligen Geist. Menschen in Angst und in Resignation und angewiesen darauf, dass Gott gegebene Zusagen einhält und sie in seiner Zuwendung konkret und sichtbar werden lässt. Menschen wie Sie und ich.

2.2 Auch in Philippi leben Christen wie wir.

Phil 1,2-11 (Einheitsübersetzung)

Paulus schreibt:

„Gnade sei mit euch und Friede von Gott, unserem Vater, und dem Herren Jesus Christus. Ich danke meinem Gott jedes Mal, wenn ich an euch denke. Immer, wenn ich für euch alle bete, tue ich es mit Freude und danke Gott dafür, dass ihr euch gemeinsam für das Evangelium eingesetzt habt vom ersten Tag an bis jetzt. Ich vertraue darauf, dass er, der bei euch das gute Werk begonnen hat, es auch vollenden wird bis zum Tag Jesu Christi. Es ist nur recht, dass ich so über euch alle denke, weil ich euch ins Herz geschlossen habe. Denn ihr alle habt Anteil an der Gnade, die mir durch meine Gefangenschaft und die Verteidigung und Bekräftigung des Evangeliums gewährt ist. Gott ist mein Zeuge, wie ich mich nach euch allen sehne mit der herzlichen Liebe, die Christus Jesus zu euch hat. Und ich bete darum, dass eure Liebe immer noch reicher an Einsicht und Verständnis wird, damit ihr beurteilen könnt, worauf es ankommt. Dann werdet ihr rein und ohne Tadel sein für den Tag Christi, reich an der Frucht der Gerechtigkeit, die Jesus Christus gibt, zur Ehre und zum Lob Gottes"

Diesen Text lese ich mit einem lachenden und mit einem weinenden Auge:

Mit einem lachenden, weil mich begeistert, wie und was Paulus von der von ihm gegründeten Gemeinde in Philippi berichtet. Weil es mich beeindruckt, welche Dynamik jungen christlichen Gemeinden innewohnte in einer Welt voller obskurer Kulte und Weltanschauungen und welche Kräfte und welche Liebe christliche Verkündigung damals freisetzte. Mit einem weinenden Auge, weil ich zunächst ein Stück Neid, Hilflosigkeit und Resignation empfinde: Wie großartig muss das Leben in einer solchen Gemeinde gewesen sein – und warum ist es mir nicht vergönnt, in einer solchen Gemeinde zu leben! Und: warum können wir nicht solche Begeisterung für die Sache Jesu leben und nach außen sichtbar werden lassen, wie diese materiell und in ihrem sozialen Status sicher viel schlechter gestellte Gemeinde in Philippi?

Angesichts mancher Debatte in unserem Land frage ich mich: Hat etwa die Erinnerung an 2000 Jahre Geschichte christlicher Kirche mit mancherlei Irrwegen und heute fast masochistisch betonten Schuldgefühlen solche Begeisterung verdunkelt oder weggenommen? Haben uns diese

Schuldgefühle und belastenden Erinnerungen skeptisch und resignierend gemacht und uns die spontane Freude an der guten, befreienden Botschaft von Jesus getrübt? Muss ich deshalb sagen: Ihr Christen in Philippi, was hattet ihr es doch gut, dass ihr so frei und unbeschwert aus der erfahrenen Liebe Gottes leben und Gemeinde aufbauen konntet! Dass es bei euch noch keine Auseinandersetzungen gab, wie denn Jesu Botschaft recht oder richtig zu verstehen sei, sondern dass ihr aus dem Vollen der Predigt des Paulus leben konntet. Und mit solchem Fragen klopfen schon Neid und Selbstmitleid an die Tür und vielleicht sogar Resignation: Die damals, mit ihrem Apostel Paulus als geistlichem Betreuer, der sich ihnen so liebevoll zuwandte – ja, die hatten es gut! – und da kann es bei uns ja nur schlechter gehen!

Aber waren die Christen in Philippi denn wirklich solche Super-Christen?

Wenn ich den Text genau lese, dann geht es ja nicht nur um ein „so ist es bei euch“, sondern auch um ein „so soll es werden“ und „so soll es noch besser werden“ und „darum bete ich für euch!“. Eine Momentaufnahme also: Gemeinde auf dem Weg! Das bringt mir diese Gemeinde viel näher: Auch dort war sicher nicht alles Gold, was glänzte. Paulus wusste sicher auch um schwache Punkte und Schattenseiten, um Versagen und um Versager. Aber anderes Wissen war ihm wichtiger: Wissen um die Kraft des Gebetes – seines persönlichen ebenso wie des gemeinsamen Gebetes um Gottes Hilfe für Aufbau und Leben in dieser Gemeinde. Und Wissen um die Kraft von Lob, Zuspruch und Anerkennung, die Menschen befähigt, hinauszuwachsen über Kleinglauben und Resignation und mehr zu leisten und zu erreichen, als sie es sich zunächst selbst zugetraut hätten. Eine Kraft, die wir selbst ja auch immer wieder verspüren und auf die wir auch stolz sind, wenn unsere Leistungen in Beruf und Ehrenamt anerkannt und gelobt werden.

So beginnt Paulus seinen Brief mit dem Dank an Gott für diese Gemeinde und mit seinem Dank, dass er ihre Liebe erfahren durfte. Mit seinem Gebet für sie und ihr Wachsen bestätigt und betont er das gemeinsame Fundament, auf dem er und diese ihm so ans Herz gewachsene Gemeinde stehen. Denn es waren nicht seine rhetorischen Meisterleistungen und sein Charisma, die diese Gemeinde ins Leben gerufen und soviel Kraft und Liebe in ihr freigesetzt haben: Gott selbst hat hier gewirkt durch die Kraft des Heiligen Geistes – und er kann und wird sie weiter wachsen lassen.

Menschlich anrührend ist in dieser Einleitung, wie viel sie verrät über Paulus' Zustand, als er diesen Brief schreibt: Aus der Enge und Einsamkeit seiner Gefängniszelle heraus suchen seine Gedanken die Gemeinde, der er sich besonders verbunden fühlt und die ihn nicht nur mit ihrem Gebet, sondern auch mit einer Geldsendung unterstützt hat. Für sie betet er und ihr möchte er in Gedanken ganz nahe sein.

Für Paulus ist es ein Zeichen besonderer Gnade und Zuwendung Gottes, dass er um des Evangeliums willen leiden muss und darf – und in diese Gnade und Zuwendung möchte er die Gemeinde mit hineinnehmen, ihr gleichsam davon abgeben. Es ist ein großartiger, ein gewagter Vergleich, mit dem er dies bekräftigt: Er liebt diese Gemeinde so, wie Jesus Christus sie liebt. Und in dieser tiefen Liebe, für die er Gott als Zeugen anruft, kann er dann auch auf Defizite zu sprechen kommen und darum beten, dass die Gemeinde weiter wächst in dem, was noch nicht fertig, was noch unvollkommen ist. Mit dem Bild des ‚rein und ohne Tadel sein für den Tag Christi' gibt er ein hohes Ziel vor, das die Gemeinde anstreben soll und für dessen Erreichen er beten will – ein Ziel, das aber nur als Gnadengabe Jesu Christi erreicht werden kann.

Indem ich mir dies alles klarmache, kommen mein lachendes und mein weinendes Auge endlich zusammen, weil ich verstehe, dass es keinen Grund gibt für Neid, Resignation oder Selbstmitleid. Auch wenn wir keinen Paulus als geistlichen Betreuer und lebendiges Vorbild haben, so ist dennoch jede Gemeinde auf ihrem ganz eigenen Weg zu dem Ziel, das er hier vorgibt. So lebt auch meine eigene Gemeinde in all ihren Unzulänglichkeiten und mit allem „wie schön wäre es doch, wenn ..." in der Hoffnung, der Paulus hier so beredt Ausdruck gibt. Und in dem Wissen um die Kraft des Gebetes, die stärker ist als das Leiden an Unzulänglichkeiten und mancherlei Resignation, die immer wieder aufkommen will, wenn Hoffnungen sich nicht erfüllen und wenn Menschen uns enttäuschen. „Ich bete darum, dass eure Liebe immer noch reicher wird an Einsicht und Verständnis, damit ihr beurteilen könnt, worauf es ankommt": ein Gebet, das gerade darin zeitlos und immer wieder aktuell ist, dass wir vor so unterschiedlichen Herausforderungen stehen, für deren Bewältigung es kein Schema und keine Durchführungs- oder Dienstvorschrift gibt. Für die Gemeinde in Philippi gab es noch keine Kirchenleitung, wie sie heutzutage von Zeit zu Zeit Planungen für vorgesehene missionarische Aktivitäten oder Selbstverpflichtungen zu

diakonischen Aktionen oder sonstige Aktionsprogramme anmahnt.
So gut gemeint und öffentlichkeitswirksam solche Aufrufe zu Aktionen verschiedenster Art sein mögen – sie gehen oft an der Wirklichkeit eines beschwerlichen Gemeindealltags vorbei. Paulus Zuspruch „Ich vertraue darauf, dass er, der bei euch das gute Werk begonnen hat, es auch vollenden wird ..." heißt doch für die Gemeinde „dass Gott immer wieder Menschen zu eurer Gemeinde hinzutun und stark machen wird für die vielfältigen Dienste in eurer Gemeinde." Gerade als Glied einer kleinen Diaspora-Gemeinde weiß ich, wie wichtig dies ist – und fühle mich darin den Christen in Philippi sehr nahe. Und auch hinter Paulus' „danke ich Gott dafür , dass ihr euch gemeinsam für das Evangelium eingesetzt habt vom ersten Tag bis jetzt" spüre ich sein Wissen um die Beschwerlichkeiten solchen Gemeindealltags.
Ich bin überzeugt, dass ihm bei diesem „ihr" alle einzelnen Gemeindeglieder in Philippi vor Augen stehen in ihrem Bemühen, auch in ihrem gelegentlichen müde und mutlos werden. Und dann auch darin, wie sie immer wieder aufgerichtet werden durch die Kraft des Gebetes und die erfahrene Liebe Jesu Christi.
Hier fühle ich mich ganz angesprochen und zugehörig – und hier sehe ich die Gemeinde in Philippi ebenso als Glied am Leibe Christi und unter der Zusage seiner Liebe und der Kraft des Heiligen Geistes wie meine eigene.

2.3 Paulus als Vorbild in Demut und Bescheidenheit

2. Kor 11,23-29 (rev. Lutherübersetzung 1984)

Die Suche nach Leitfiguren und Vorbildern ist ein ganz großes Anliegen in unserem Land geworden, wie es die vergangenen Jahre zeigten: der Besuch des neugewählten Papstes, die vielfältigen Erwartungen, die sich an den Bundespräsidenten knüpften - und ein ganz auf die führenden Politiker zugeschnittener Wahlkampf. Damit verbunden dann sofort die Frage nach der Vertrauenswürdigkeit dessen, der da vorne steht und sich selbst in der einen oder anderen Weise als Wegweiser oder Heilsbringer darstellt.

Und wenn wir als Christen nach Leitfiguren und Vorbildern gefragt werden? Natürlich kommt dann sofort der Verweis auf Jesus, wie er uns in den Berichten der Evangelisten begegnet. Und wenn dann als Antwort kommt: Aber Jesus, der war ja kein normaler Mensch, der war ja ohne Sünde und Herr über alle Triebe und bösen Gedanken, mit denen wir so oft nicht klarkommen: der zählt nicht – habt ihr keine anderen?

Und dann können wir auflisten: Paulus, Mutter Teresa, Albert Schweitzer, Dietrich Bonhoeffer, Martin Luther, John Wesley, Billy Graham - eine bunte Reihe, je nachdem, was der einzelne über diese Persönlichkeiten weiß oder aber wie überzeugend sie in Büchern, im Film oder Fernsehen einmal dargestellt wurden. Wenn wir beim Neuen Testament bleiben, dann ist eigentlich Paulus der einzige, der neben Jesus bestehen kann. Der einzige? Natürlich gibt es da noch Petrus, der uns in seiner impulsiven Art und Einsatzbereitschaft und auch in seinem immer wieder Scheitern und sich immer wieder Aufrappeln sehr viel menschlicher erscheint und näher steht, aber in der Auseinandersetzung mit Paulus spielt er dann doch eine sehr fragwürdige Rolle und erscheint deshalb als Vorbild nicht so recht geeignet.

Aber wenn uns Paulus Vorbild sein soll, der uns in seinen Briefen Anteil nehmen lässt an den Höhen und Tiefen eines Lebens, das wir nur mit Ehrfurcht bewundern können als ein Leben aus schier übermenschlicher Kraft: Was können wir dann jenseits aller seiner großen theologischen Erkenntnisse und Formulierungen von ihm lernen und mitnehmen für uns selbst und für unsere Diaspora-Gemeinden, die im ‚entchristlichten' Deutschland immer mehr den Gemeinden ähnlich werden, um die sich Paulus Gedanken macht und für die er sich verantwortlich weiß?

Wenn ich einmal alle große Theologie draußen vor lasse, dann sind es besonders zwei Punkte, in denen ich Paulus als Vorbild sehe und die ihn mir menschlich sehr sympathisch erscheinen lassen:
- zum einen seine Bescheidenheit in Sachen „Erkenntnis und Wissen" und
- zum anderen sein Einsatz und seine Fürsorge für die ihm anvertrauten Menschen und Gemeinden.

Wenn Paulus schreibt, dass unser Wissen nur Stückwerk ist und dass wir jetzt wie in einem dunklen Spiegel nur verschwommene Konturen wahrnehmen und getrost der Zeit entgegensehen können, in der uns Gott volle Erkenntnis verleihen wird, dann ist das Ausdruck einer Bescheidenheit und Einsicht in Grenzen der Erkenntnis, wie sie heute selbst bei vielen Theologen nicht mehr zu finden ist. In der FAZ wurde kürzlich ein Gespräch kommentiert, das Prof. Eberhard Jüngel als einer der wohl bedeutendsten deutschsprachigen evangelischen Theologen mit dem atheistischen Philosophen Peter Sloeterdijk geführt hatte über Vorstellungen von Wahrheit und Freiheit in der Philosophie und im christlichen Glauben. Aber je mehr sich Prof. Jüngel mühte, mit dem Atheisten mitzuhalten, desto undeutlicher und verschwommener wurden die Konturen dessen, was er als christliche Kennzeichen von Wahrheit und Freiheit darstellen wollte. Dass Christen in Jesus „die Wahrheit" haben und dass Paulus von der Freiheit schreibt, zu der uns Christus befreit hat - das wollte Prof. Jüngel seinem atheistischen Gegenüber und den Zuhörern wohl nicht zumuten. Stattdessen argumentierte er in einer Weise, die zu verstehen schlicht glaubende Christen einfach überfordern musste. Aber wenn er schon nicht näher auf Jesus oder Paulus eingehen wollte: wäre es dann nicht überzeugender gewesen, mit Paulus auf die Grenzen uns gegebener und zugänglicher Erkenntnis zu verweisen? Und wenn schon Theologieprofessoren so verschwommen daherreden: Dann kann ich schon alle jene Christen verstehen, die sich an aus dem Zusammenhang gerissene Verse oder Textstellen klammern und diese zu Prüfsteinen des Glaubens machen wollen. Und die solches dann auch gleich für alle Christen fordern. So, wie man bis zur Zeit von Kepler, Galilei und Kopernikus aufgrund eines einzigen Bibelverses die Sonne als einen die fest im Mittelpunkt stehende Erde umkreisenden Planeten ansah, so geht es heute weiter mit Diskussionen um Kreationismus und Evolution, um die Sintflut und die Aufnahmekapazität der Arche Noah, um den Beginn des individuellen

Lebens und um Christen in der Rolle von Schöpfungsbewahrern, um die dauernde Gültigkeit oder die Zeitgebundenheit aus dem Zusammenhang gerissener Zitate von Paulus oder Paulus-Schülern. Und ich frage mich dann als schlichter Christ: Muss ich auf alle Fragen, die sich aus Textstücken oder Einzelversen ergeben, die aus ihren Zusammenhängen herausgerissen wurden, Antworten parat haben? Auch gegenüber Leuten, die den christlichen Glauben lächerlich und unglaubwürdig machen wollen? Oder gar gegenüber Leuten, die neue Messlatten einführen möchten, um festzulegen, was denn ein in ihren Augen ‚richtiger' Christ zu denken und zu glauben hat? Da ist es mir ein Trost, mich auf Paulus berufen zu können: Ich muss nicht alle Erkenntnis und zu jedem eine Antwort haben! Es gibt Grenzen von Erkenntnis und Wissen – und damit darf ich, damit dürfen wir leben – im Glauben und Vertrauen auf die Liebe Gottes, die höher ist als alle Vernunft.

Was mich dann beeindruckt, das ist Paulus' Eintreten und Fürsorge für die ihm anvertrauten Menschen und Gemeinden: Im 2. Brief an die Korinther setzt sich Paulus mit Neidern und Feinden auseinander, die ihm seinen Anspruch als Apostel streitig machen. Dazu schreibt er, was er alles für die Verkündigung der Botschaft von Jesus Christus auf sich genommen hat:

„Sie sind Diener Christi – ich rede töricht: ich bin's weit mehr! Ich habe mehr gearbeitet, ich bin öfter gefangen gewesen, ich habe mehr Schläge erlitten, ich bin oft in Todesnöten gewesen. Von den Juden habe ich fünfmal erhalten 40 Geißelhiebe weniger einen; ich bin dreimal mit Stöcken geschlagen, einmal gesteinigt worden; dreimal habe ich Schiffbruch erlitten, einen Tag und eine Nacht trieb ich auf dem tiefen Meer. Ich bin oft gereist, ich bin in Gefahr gewesen durch Flüsse, in Gefahr unter Räubern, in Gefahr in Städten, in Gefahr in Wüsten, in Gefahr auf dem Meer, in Gefahr unter Heiden, in Gefahr unter Juden, in Gefahr unter falschen Brüdern; in Mühe und Arbeit, in viel Wachen, in Hunger und Durst, in Frost und Blöße; und außer all dem noch das, was täglich auf mich einstürmt, und die Sorge für alle Gemeinden. Wer ist schwach, und ich werde nicht schwach? Wer wird zu Fall gebracht, und ich brenne nicht?"

Ein höchst beeindruckendes Zeugnis – aber ich möchte mich gerade den beiden letzten Versen zuwenden: „... und außer all dem noch das, was täglich auf mich einstürmt und die Sorge für alle Gemeinden. Wer ist schwach, und ich werde nicht schwach? Wer wird zu Fall gebracht, und ich brenne nicht?"

Die Sorge und Fürsorge eines großen Theologen und Verkündigers um die Menschen, die ihm anvertraut sind: die kleinen Zuarbeiter und unermüdlichen Helfer ebenso wie die Gemeinden mit ihren internen Auseinandersetzungen, mit ihren Skeptikern, ihren Besserwissern, mit denen, die sich stark im Glauben wissen und mit denen, deren Glauben noch schwach und wenig ausgeprägt ist, weil sie noch zu sehr in alten Vorstellungen verhaftet und deshalb leicht verletzlich sind. Um sie alle sorgt sich Paulus – und es hat wohl nur sehr wenige Persönlichkeiten in seiner Nachfolge gegeben, die sich ähnlich bemüht haben. Wobei wir sicher stolz darauf sein können, dass John Wesley zu diesen Ausnahmegestalten gehörte.

Die Briefe von Paulus an die Gemeinden in Philippi und Thessaloniki setzen Maßstäbe für ein Leben mit und für anvertraute Gemeinden: Maßstäbe, die heutige kirchenleitende Persönlichkeiten oft schon deshalb gar nicht mehr erreichen oder einhalten können, weil sie aufgefressen werden von vielfältigen Sorgen. Wobei die größte Sorge fast schon in der Regel das fehlende Geld ist. Und wenn das Geld nicht mehr reicht, dann kommt der sozialverträgliche Abbau des kirchlichen Personals und der ‚Rückzug aus der Fläche' – um einen technischen Ausdruck zu übernehmen, den Post und Bahn geprägt haben. In der uns zugänglichen Welt des Westens scheint das zur traurigen Regel zu werden – und wir staunen, wenn wir von Erweckungsbewegungen und Gemeindewachstum in anderen Kontinenten und Ländern hören. Ich schätze, dass es auch in unserer Kirche gar keinen Zweck hätte, auf Paulus und John Wesley als Vorbilder hinzuweisen: wer immer dies täte, der würde überschüttet mit einer Fülle von Fakten zur Finanzmisere und zu einem erwartendem Rückgang der Beiträge. Und er käme gar nicht mehr zu Wort mit Fragen nach der Fürsorge für anvertraute Menschen und Gemeinden. Wie viele deutsche Kirchenobere – gleich welcher Konfession – mögen heute noch so wie ein Paulus danken können für Gemeinden, die nach unseren Maßstäben sicherlich als armselig, erbärmlich oder bessere oder schlechtere Hauskreise zu beschreiben wären? Gemeinden, wie sie nach uns erreichenden Berichten in anderen Teilen der Welt leben und ungeachtet ihrer Nöte das Evangelium weitergeben?
Welcher deutsche Kirchenleiter, der immer die Finanznöte und den Personalmangel seiner Kirche vor Augen hat, könnte denn heute noch mit den Worten von Paulus in den ersten Kapiteln des Thessalonicherbriefes und des

Philipperbriefes so für seine Gemeinden danken:

„Wir danken Gott allezeit für euch alle und gedenken euer in unserm Gebet und denken ohne Unterlass vor Gott, unserm Vater, an euer Werk im Glauben und an eure Arbeit in der Liebe und an eure Geduld in der Hoffnung auf unsern Herrn Jesus Christus. Liebe Brüder, von Gott geliebt, wir wissen, dass ihr erwählt seid "
und
„Ich danke meinem Gott, sooft ich euer gedenke – was ich allezeit tue in allen meinen Gebeten für euch alle, und ich tue das Gebet mit Freuden für eure Gemeinschaft am Evangelium vom ersten Tage an bis heute.

Wie es denn recht und billig ist, dass ich so von euch allen denke, weil ich euch in meinem Herzen habe, die ihr alle mit mir an der Gnade teilhabt.

Denn Gott ist mein Zeuge, wie mich nach euch allen verlangt von Herzensgrund in Christus Jesus ..."

Was Paulus hier an einzelne Gemeinden, denen er sich persönlich verbunden fühlt, schreibt – dafür gibt es keine Vergleichsmöglichkeit in den großen Kirchen. Deutschen Kirchenleitern ist es – verständlicherweise – unmöglich, sich so in ihren Gemeinden auszukennen, wie es bei Paulus der Fall war. Und in der verständlichen Forderung, keine Gemeinden zu bevorzugen, liegen dann auch Anonymität und Verallgemeinerung: Da ist dann wenig oder kein Platz für eine solch persönliche Zuwendung, wie wir sie hier bei Paulus erleben. Und das ist vielleicht auch gut so. Denn wenn man vom Zusammenlegen oder vom Aufgeben von Gemeinden liest, von als mühsam empfundenen und nicht in Terminpläne passenden Besuchen oder von Empfehlungen, sich dann doch lieber Gemeinden anderer Denominationen anzuschließen, dann kommt der Eindruck auf, dass immer mehr Kirchenleitungen Gemeinden eher als Last empfinden. Lasten, die eher Schwierigkeiten machen und von denen einzelne den Ablauf der Dienstgeschäfte stören können. Aber wie können, wie sollen dann die einzelnen Gemeinden ‚vor Ort' damit umgehen? – Gemeinden wie die unseren, deren geistliche Betreuung durch unsere Kirche sicher schlechter werden wird – was vornehm gesagt mit ‚ausgedünnt' umschrieben wird.

Es tröstet mich und kann uns alle trösten, was der Apostel Paulus seinen Gemeinden – und besonders denen in Philippi, Thessalonoki und Kolossä – immer wieder schreibt als Wegweisung und Mahnung, aus eigener Kraft im

Vertrauen und Aufblicken zu Jesus und durchaus auch in der Erinnerung an ihn als Vorbild zu leben.
Beispielhaft klingt das im Brief an die Philipper so: *„Folgt mir, liebe Brüder und seht auf die, die so leben, wie ihr uns zum Vorbild habt: Freuet euch in dem Herrn allewege, und abermals sage ich: Freuet euch! Eure Güte lasst kund sein allen Menschen! Der Herr ist nahe! Sorgt euch um nichts, sondern in allen Dingen lasst eure Bitten in Gebet und Flehen mit Danksagung vor Gott kund werden! Und der Friede Gottes, der höher ist als alle Vernunft, bewahre eure Herzen und Sinne in Christus Jesus. Was ihr gelernt und empfangen und gehört und gesehen habt an mir, das tut; so wird der Gott des Friedens mit euch sein."*

Für Paulus ist es selbstverständlich, dass es in Philippi wie in allen Gemeinden eigenständiges Leben gibt ohne ‚Hauptamtliche', die von einer Kirchenleitung geschickt werden und ohne vieles, was heute etablierten Gemeinden und kirchlichen Hierarchien völlig unverzichtbar erscheinen würde. Er vertraut auf die Bereitschaft der Glieder der Gemeinde, sich einzubringen mit den jeweils besonderen Fähigkeiten, die die einzelnen haben und betont dies mit dem Bild des menschlichen Körpers und seiner Glieder (Römer 12,4-6) *„Denn wie wir an einem Leib viele Glieder haben, aber nicht alle Glieder dieselbe Aufgabe haben, so sind wir viele ein Leib in Christus, aber untereinander ist einer des anderen Glied, und haben verschiedene Gaben nach der Gnade, die uns gegeben ist.*

Ich sehe dies alles als tröstlich an, weil es uns ermutigt zum Nachdenken, wer bei uns was kann und wozu tüchtig ist – wobei es keinen gibt, der sagen können wird „Ich kann nun wirklich nichts!" Mit solcher Aktivierung der Gaben ihrer Glieder haben besonders evangelische Gemeinden aller Denominationen seit fast 500 Jahren nicht nur überlebt, sondern auch Außenstehende angezogen, für die Sache Jesu gewonnen und begeistert. In schwierigen Zeiten – wie sie den Älteren unter uns noch in Erinnerung sind – und in besseren Zeiten. Wir sollten die angesprochene Schwierigkeit mit der Ausdünnung der Betreuung durch die Hauptamtlichen unseres Bezirks als Herausforderung annehmen, zu zeigen, wie alles das auch in unserer Gemeinde lebendig ist, was Paulus in seinen Briefen immer wieder als Kennzeichen christlicher Gemeinden anspricht.

2.4 Anweisungen für einen Nachfolger

2. Timotheus 3,10-17 (Neue Genfer Übersetzung – NGÜ)

Was erwartet die Gemeinde Jesu Christi von Menschen, die die Botschaft von der Liebe Gottes, wie sie in Jesus Christus Gestalt angenommen hat, glaubhaft verkünden sollen? Eine Frage, die durch die Geschichte der christlichen Kirche hindurch bis in unsere Tage hinein immer aktuell geblieben ist. Schon Schüler und dann Nachfolger der Apostel Paulus und Petrus haben sich sehr intensiv mit dieser Frage beschäftigt und unter deren Namen Briefe geschrieben, in denen sie solche Erwartungen bis in Einzelheiten hinein ausformuliert haben. Dabei gibt es Stellen, die im Hinblick auf die Glaubwürdigkeit der Verkündigung und auf ein glaubensgemäßes Leben derer, die die Botschaft von Jesus Christus verkündigen, besonders überzeugend wirken.
Eine dieser Textstellen findet sich im 3. Kapitel des 2. Timotheus-Briefes, wo es in den Versen 10 bis 17 heißt:

„Du aber bist meiner Lehre gefolgt, hast dich an die Grundsätze gehalten, nach denen ich lebe, und hast dich auf dasselbe Ziel ausgerichtet wie ich. Du hast dir meinen Glauben, meine Geduld, meine Liebe und meine Standhaftigkeit zum Vorbild genommen und hast dich auch nicht dadurch abhalten lassen, dass ich Verfolgungen und Leiden zu ertragen hatte. Du weißt ja, was ich in Antiochien, Ikonion und Lysrea alles durchgemacht habe und wie sehr ich dort verfolgt wurde! Aber in jeder Gefahr, in die ich geriet, hat der Herr mich gerettet. Im Übrigen sind Verfolgungen etwas, womit alle rechnen müssen, die zu Jesus Christus gehören und entschlossen sind, so zu leben, dass Gott geehrt wird. Schlechte und betrügerische Menschen werden sich immer weiter von Gott entfernen; sie führen andere in die Irre und sind selbst irregeführt. Du jedoch sollst an der Lehre festhalten, in der du unterwiesen worden bist und von deren Glaubwürdigkeit du dich überzeugen konntest. Du kennst ja die, die dich gelehrt haben, und bist von Kind auf mit den heiligen Schriften vertraut, aus denen du alle Wegweisung bekommen hast, die zur Rettung nötig ist – zur Rettung durch den Glauben an Jesus Christus. Denn alles, was in der Schrift steht, ist von Gottes Geist eingegeben, und dementsprechend groß ist auch der Nutzen der Schrift: Sie unterrichtet in der Wahrheit, deckt Schuld auf, bringt auf den richtigen Weg und erzieht zu einem Leben nach Gottes Willen. So ist also der, der zu Gott

gehört und ihm dient, mit Hilfe der Schrift allen Anforderungen gewachsen; er ist durch sie dafür ausgerüstet, alles zu tun, was gut und richtig ist."

Dieser Text breitet eine ganze Fülle von Gedanken aus. Ich beschränke mich darauf, drei solcher Gedanken anzureißen: Die Zurüstung zur Nachfolge, die Situation von Christen in verschiedenen Teilen der Welt und den Hinweis auf die Schrift. Und dazu frage ich sehr konkret: Wie passt die Situation, die hier geschildert wird, zu der im Deutschland des Jahres 2014? Leiden und Verfolgung von Christen, das gehört doch nicht zu der Wirklichkeit unseres Landes, in dem die christlichen Kirchen als große gesellschaftlichen Kräfte ebenso respektiert werden wie ihre Amtsträger. Und keine Partei, keine Gewerkschaft und auch keine der sogenannten Nicht-Regierungs-Organisationen wie etwa ‚Ärzte ohne Grenzen' möchte diese Rolle der Kirchen ernsthaft infrage stellen. Was Paulus hier von Timotheus sagen kann und weiter erwartet – wäre so etwas heute in Deutschland realistisch?

Zu Weihnachten hatten wir bei uns eine junge chinesische Pastorin aus Nanking zu Gast – aus einem Land, in dem die Situation für Christen bis vor kurzem und teilweise bis heute der ähnlich war oder immer noch ist, wie sie zwischen den Zeilen unseres Textes durchschimmert. Bei chinesischen Christen ist die Erinnerung an Leid und Verfolgung noch sehr lebendig und sie leben unter Umständen, die denen der Christen in unserem Text vergleichbar sind – wobei immer wieder lokal Verfolgung und Unterdrückung aufflammen können. Dort gibt es keine Privilegien für Kirchen und ihre Amtsträger und keine Sicherheiten, wie sie für Christen bei uns selbstverständlich sind – und dort sind auch Vorbilder im Glauben und in der Verkündigung gefragt, wie sie bei uns immer mehr Ausnahmen werden. Aber christliche Kirchen wachsen dort in genau der Weise, wie es uns aus den ersten Jahrzehnten der Christenheit überliefert ist

Nur: Als ich kürzlich bei dem Vortrag eines evangelischen Alt-Bischofs von dieser Erfahrung aus China – wo wir auch selbst bei Christen zu Gast gewesen sind – erzählte, da wurde ich abgeblockt mit einem „das mag ja alles für China zutreffen – aber was soll das für uns?" Ein Vergleich dieser Art war offensichtlich unangenehm. Dann doch lieber Resignation auf hohem Niveau, weitermachen wie bisher, christliche Sicherheiten und Privilegien genießen und auf das Wunder einer Intervention des Geistes Gottes, auf eine neue

Erweckung zum Glauben hoffen?
Was hätte wohl Paulus gesagt, wenn ihm ein Blick auf den christlichen Betrieb im Deutschland des Jahres 2014 vergönnt worden wäre?

Und ist es nicht angesichts von Bergen an theologischer Populär- und Fachliteratur für einen schlichten Christen geradezu unmöglich geworden zu entscheiden, ob und wie viel dieser Literatur „von Gottes Geist eingegeben ist" und dann „in der Wahrheit unterrichtet, Schuld aufdeckt, auf den richtigen Weg bringt und zu einem Leben nach Gottes Willen erzieht". Was die einen für sehr wichtig halten, das sehen andere als Verfälschung von Gottes Willen und geradezu Irrlehre an – und umgekehrt. Widersprüchliche Aussagen zu christlicher Lehre und zu bibelgemäßem christlichem Glauben haben immer wieder Verwirrung gestiftet und tun dies bis heute.

Mir erscheint ein eher ungewöhnlicher Weg angemessen und glaubwürdig, um mit diesem Text so umzugehen, dass er etwas über glaubwürdige Nachfolge aussagt: Nämlich ihn als eine ganz persönliche Herausforderung zu sehen, als Frage an mich selbst und so eben auch an andere: „Was bedeutet diese Ansprache des Paulus an seinen Schüler für mich?" Wird in ihr ein Ideal vorgestellt, das so unerreichbar ist, dass ich gleich von vornherein aufgeben muss? Denn wenn ich mein Leben anschaue, dann kann ich im Vergleich mit unserem Text nur Defizite auflisten. Vom Erzogenwerden im engen Kontakt mit der Heiligen Schrift konnte bei mir während des Krieges und in einer sehr harten Nachkriegszeit keine Rede sein. Und das Ideal einer christlichen Erziehung, wie ich es etwa in der Familie des Pfarrers, der mich konfirmierte, sehen konnte, das war für mich einfach nicht gegeben – als Sohn einer Kriegerwitwe, die hart arbeiten musste, um mir den Besuch des Gymnasiums zu ermöglichen. Was bei mir zusammengekommen ist, das verdanke ich engagierten Religionslehrern und einem Wirken des Heiligen Geistes, das mich ernsthaft überlegen ließ, Theologie zu studieren. Aber gerade die Entscheidung für ein Physik- und gegen ein Theologiestudium hat bei mir immer das nagende Gefühl eines Defizits wach gehalten und mich nach Antworten im Glauben und dann auch in der Theologie fragen lassen.

Und so möchte ich als persönliche Erfahrungen aus der Auseinandersetzung mit unserem Text formulieren: Es gibt nicht nur den geraden Weg aus einer christlichen Erziehung in die Nachfolge Jesu und in den Dienst der

Verkündigung seines Evangeliums – der Heilige Geist verfügt über eine große Vielzahl von Wegen, um ihm geeignet erscheinende Kandidaten ausfindig zu machen und zu motivieren. Und er sorgt auch dafür, dass einem solchen Kandidaten zur rechten Zeit der richtige Gesprächspartner als Wegweiser erscheint oder das wirklich hilfreiche Buch in die Hand gegeben wird.

Je mehr ich diesen Text so verstanden habe, desto mehr hat er sich mir aufgetan. Und er hat mich getröstet: Ich brauche nicht neidisch zu sein, dass ich nicht solche guten Möglichkeiten als Schüler eines großen Vorbildes hatte. Und ich brauche nicht neidisch zu sein, dass ich nicht in einer idealen christlichen Familie groß geworden bin. Ich brauche mich auch nicht geringerwertig zu fühlen, weil mich Gott bewahrt hat vor Verfolgung und persönlichem Leid in der Kriegs- und Nachkriegszeit, wie sie so vielen Menschen in Deutschland widerfahren sind. Gott hat für mich einen eigenen Weg bereitet auch durch Tiefen wie das Scheitern von Träumen und Lebensplanungen. Und wenn er mich auf Umwegen dazu geführt hat, dass ich seit fast 20 Jahren seine gute Botschaft predigen kann – welchen Grund sollte ich dann haben, den hier von Paulus so gelobten Timotheus zu beneiden? Das Vorbild eines großen Mannes, in dessen Schatten man steht und an dem man dann als sein Schüler gemessen wird, das kann recht erdrückend werden – eine persönliche Erfahrung aus meinem Berufsleben als Physiker, über die wohl auch Menschen aus anderen Berufsumfeldern erzählen und klagen können.

In einer Zeit, in der viele Lebensplanungen scheiterten, weil die politischen Verhältnisse im Deutschland des 30-jährigen Krieges chaotisch waren, schrieb der Pfarrer und Liederdichter Paul Gerhardt ein Lied, das bis heute nichts an Aussagekraft und Trostpotential eingebüßt hat: „Befiehl Du Deine Wege und was Dein Herze kränkt der allertreusten Pflege des, der den Himmel lenkt. Der Wolken, Luft und Winden gibt Wege, Lauf und Bahn, der wird auch Wege finden, da dein Fuß gehen kann."
Wenn Paulus schreibt: *„Im Übrigen sind Verfolgungen etwas, womit alle rechnen müssen, die zu Jesus Christus gehören und entschlossen sind, so zu leben, dass Gott geehrt wird. Schlechte und betrügerische Menschen werden sich immer weiter von Gott entfernen; sie führen andere in die Irre und sind selbst irregeführt"*, so ist diese Feststellung gerade in den letzten 100 Jahren bedrückende Wirklichkeit geworden – in unserem Land und weltweit.

Sicher können wir dankbar sein, dass seit gut 20 Jahren Verfolgungen und Benachteiligungen von Christen im ganzen Deutschland aufgehört haben. Weltweit aber – und besonders in islamischen Ländern und in menschenverachtenden Diktaturen – haben Verfolgungen von Christen ein erschreckendes Ausmaß angenommen. Christen, die in solchen Ländern Leiden und Verfolgung standhalten und die sich weder durch Todesdrohungen noch durch Verlockungen vom Glauben an Jesus Christus abbringen lassen, sind beispielhaft Zeugen für die Kraft Gottes, die gerade in Schwachen mächtig ist und mächtig sein will. Für mich ist es ein großes Wunder und zugleich Zeichen der Kraft des Heiligen Geistes, dass sich auch im Angesicht solcher Bedrohungen und selbst in Todesgefahr immer wieder Christen bereit finden, Verkündiger der guten Botschaft von Jesus Christus zu werden. In Berichten aus diesen Verfolgungsgebieten wird uns nahe gebracht, was christliche Kirche in der Fülle der Gnade Gottes gewesen ist und immer wieder neu ist, wenn sie dem Wirken des Heiligen Geistes Raum lässt. Für uns sind diese Geschwister im Glauben Vorbilder, vor denen wir uns nur respektvoll verneigen können und denen wir unseren Dank für ihr Zeugnis und unser Gebet für Gottes Beistand für sie schuldig sind. Und gerade denen, die unmittelbar mit dem Tod bedroht sind, gilt das Wort aus dem 2. Kapitel der Offenbarung des Johannes „Sei treu bis in den Tod, und ich werde dir die Krone des Lebens geben."

Danken wir Gott dafür, dass er uns die Möglichkeit geschenkt hat, in Freiheit und in Frieden unseren Glauben zu leben, ihn an unsere Kinder weiterzugeben und dann auch anderen zu verkünden. Und wir sollen uns immer dessen bewusst bleiben, dass dies für uns eine geschenkte Gnade und alles andere als selbstverständlich ist. Ich bin dankbar dafür, dass mir Gott die Fähigkeit geschenkt hat, andere dazu einzuladen, es mit ihm zu versuchen – und ich möchte Sie ermutigen, darüber nachzudenken, wem Sie mit der Botschaft von Gottes Liebe, wie sie in Jesus Christus Gestalt angenommen hat, eine Freude machen, helfen und Wegweisung bieten können. Womit dann auch für Sie das Wort des Apostels Paulus aus seinem 2. Brief an die Gemeinde in Korinth zutreffen würde, mit dem ich schließen möchte: „So treten wir nun als Gesandte Christi auf, denn durch uns lässt Gott seine Einladung ergehen."

2.5 Vollkommenheit

Phil 3,10-17 (Übersetzung „Neues Leben")

Vor Weihnachten 2012 kam plötzlich ein Begriff ins Rampenlicht der Öffentlichkeit, der eigentlich mehr dem christlichen Sprachgebrauch angehört: Der Begriff ‚Vollkommenheit'. ‚Vollkommen', das ist in christlicher Sprache eine Eigenschaft Gottes, eine Eigenschaft Jesu Christi – und im normalen Sprachgebrauch kommt dieser Begriff selten genug vor. Was war geschehen, dass dieses ‚vollkommen Sein', diese ‚Vollkommenheit' mit einem Mal so populär wurde?

Es war die Debatte darum, was für Erwartungen die Bürger unseres Landes an einen Präsidenten stellen, von dem sie sich vertreten fühlen wollen. Erwartungen an einen Präsidenten, der Vorbild sein, der Deutschland dem Ausland gegenüber vertreten soll. Und so kam im Zusammenhang mit den Herren Wulff und Gauck dieser Begriff in die öffentliche Diskussion. Das Besondere an dieser Diskussion war, dass unterschiedliche Personengruppen und Medienvertreter ‚Vollkommenheit' eines Präsidenten auf unterschiedlichen Gebieten forderten: Vollkommenheit in der Selbstdarstellung, Vollkommenheit im Familienleben, Vollkommenheit in der Zuwendung zu Migranten, Vollkommenheit im Umgang mit der deutschen Vergangenheit und dem Ausland gegenüber und andere Vollkommenheiten mehr.

Und mit solchen Forderungen nach Vollkommenheiten wurden wir 2000 Jahre zurückversetzt in die Zeit der beginnenden Christenheit. Nachdem Jesus gefordert hatte „Ihr sollt vollkommen sein, wie auch euer himmlischer Vater vollkommen ist", wurden ‚Vollkommenheit' und ‚vollkommen sein' geradezu Schlüsselbegriffe in den Briefen des Neuen Testaments.

Ich habe in der zurzeit wohl vollständigsten Konkordanz, der zur Einheitsübersetzung, nachgeschaut: Im Alten Testament werden ‚Vollkommenheit' und ‚vollkommen sein' fast ausschließlich als Eigenschaften Gottes und seiner Schöpfung verwendet und ich möchte einige Zitate aus der Einheitsübersetzung dazu geben:

„Die Tiefen Gottes willst du finden, bis zur Vollkommenheit des Allmächtigen vordringen?"
– eine Frage im 11. Kapitel, Vers 7 des Hiob-Buches.

„Vollkommen ist Gottes Weg, das Wort des Herrn ist im Feuer geläutert. Ein Schild ist er für alle, die sich bei ihm bergen. "
- so in Psalm 18, Vers 31

- oder in Psalm 19, Vers 9
„Die Weisung des Herrn ist vollkommen, sie erquickt den Menschen".

Einen sehr modern wirkenden Text finden wir im Buch Kohelet, Kapitel 3, Vers 10 und 11, ein Text, auf den ich am Ende meiner Predigt noch einmal zurückkommen werde:

„Ich sah mir das Geschäft an, für das jeder Mensch durch Gottes Auftrag sich abmüht. Gott hat das alles zu seiner Zeit auf vollkommene Weise getan. Überdies hat er die Ewigkeit in alles hineingelegt, doch ohne dass der Mensch das Tun, das Gott getan hat, von seinem Anfang bis zu seinem Ende wiederfinden könnte."

Wenn es um ein ‚vollkommen sein' und um Vollkommenheit' geht, dann ist im Alten Testament der Blick des Menschen auf Gott gerichtet, auf die Vollkommenheit seiner Schöpfung und der von ihm gegebenen Weisungen für das Verhalten des Menschen.

Im Neuen Testament dagegen richtet sich nach Jesu Aussage „Ihr sollt vollkommen sein, wie auch euer himmlischen Vater vollkommen ist" der Blick auf die Nachfolger Jesu, die ‚vollkommen' sein sollen – gerade als Geschwister und Hausgenossen Jesu, dem Vorbild an ‚Vollkommenheit'.

Auch dazu einige beispielhafte Texte:

Paulus schreibt im Brief an die Epheser, Kapitel 4, Vers 13:

„So sollen wir alle zur Einheit im Glauben und in der Erkenntnis des Sohnes Gottes gelangen, damit wir zum vollkommenen Menschen werden."

Und im 1. Kapitel seines Briefes an die Kolosser heißt es in Vers 28: *„Wir ermahnen jeden Menschen und belehren jeden mit aller Weisheit, um dadurch alle in der Gemeinschaft mit Christus vollkommen zu machen."*

Im 2. Brief an die Korinther schreibt Paulus im 1. Vers des 7. Kapitels:

„Das sind die Verheißungen, die wir haben, liebe Brüder: Reinigen wir uns also von aller Unreinheit des Leibes und des Geistes und streben wir in Gottesfurcht nach vollkommener Heiligung."

Und schließlich im 1. Brief an die Thessalonicher im 4. Kapitel, Vers 1:

„Im Übrigen, Brüder, bitten und ermahnen wir euch im Namen Jesu, des Herrn: Ihr habt von uns gelernt, wie ihr leben müsst, um Gott zu gefallen, und ihr lebt auch so; werdet darin noch vollkommener!"

Und von diesen Mahnungen und Weisungen des Paulus führt dann der Weg direkt zu uns.

Es hat zur Zeit des Paulus wohl eine erbitterte Diskussion gegeben über die Frage der von Jesus geforderten „Vollkommenheit". Macht die Taufe Christen ‚vollkommen'? Wo beginnt ‚Vollkommenheit' und welcher Weg führt zu ihr? – und ganz generell: Wie können Christen ‚vollkommen' werden?

Überlegungen, die in sehr konservativen bis exklusiven evangelikalen Gruppen auch heute diskutiert werden – und die etwa auch für die in der römischen Kirche als Sakrament verstandene Priesterweihe gelten. Ist ein geweihter Priester in der Nachfolge oder gar Stellvertretung Jesu ein ‚vollkommenerer Mensch' als ein ‚normaler Christ', ein Laie?

In diese vor 2000 Jahren so erbittert geführte Diskussion greift nun der Apostel Paulus ein. In einem Kernstück seines Briefes an die Gemeinde in Philippi bezieht er in einer sehr klaren Weise Stellung gegen Leute, die sich für ‚vollkommen' halten:

Philipper 3,10-17:

„Mein Wunsch ist es, Christus zu erkennen und die mächtige Kraft, die ihn von den Toten auferweckt hat, am eigenen Leib zu erfahren. Ich möchte lernen, was es heißt, mit ihm zu leiden, indem ich an seinem Tod teilhabe, damit auch ich eines Tages von den Toten auferweckt werde. Ich will nicht behaupten, ich hätte dies alles schon erreicht oder wäre schon vollkommen! Aber ich arbeite auf den Tag hin, an dem ich endlich alles sein werde, wozu Jesus Christus mich errettet und wofür er mich bestimmt hat. Nein, liebe Freunde, ich bin noch nicht alles, was ich sein sollte, aber ich setze meine ganze Kraft für dieses Ziel ein. Indem ich die Vergangenheit vergesse und auf das schaue, was vor mir liegt, versuche ich, das Rennen bis zum Ende durchzuhalten und den Preis zu gewinnen, für den Gott uns durch Jesus Christus bestimmt hat.

Ich hoffe, ihr, die ihr glaubt, stimmt darin mit mir überein. Wenn ihr in irgendeinem Punkt anderer Meinung seid, so glaube ich, dass Gott euch Klarheit schenken wird. Wir müssen jedoch darauf achten, dass wir der Wahrheit, die uns vermittelt wurde, auch gehorchen. Liebe Brüder, nehmt mich als Vorbild und lernt von denen, die unserem Beispiel folgen."

Was Paulus hier und im weiteren Zusammenhang dieses Kapitels unmissverständlich klar macht, das lässt sich in wenigen Worten zusammenfassen und Paulus wie folgt in den Mund legen:

‚Als im Feuer vielfältiger Verfolgungen und Leiden um Christi willen erprobter Apostel könnte ich den Anspruch, ‚als Nachfolger Jesu Christi vollkommen zu sein' wohl mit viel größerer Berechtigung erheben als alle anderen. Aber ich tue es nicht, weil ich um alle die Defizite bei mir weiß, die dem entgegenstehen. Ich bemühe mich zwar nach allen meinen Kräften, aber ich weiß, dass noch eine lange Wegstrecke vor mir liegt bis zu dem Ziel einer Vereinigung mit Jesus Christus. Ich weiß, dass ich noch hart kämpfen und mir selbst sehr viel abverlangen muss, um zu diesem Ziel zu kommen. So sehe ich, Paulus als Apostel Jesu Christi, die Frage nach der ‚Vollkommenheit' eines Nachfolgers Jesu."

Und damit, liebe Gemeinde, sind wir mitten im ‚Hier und Heute': Wenn Christen welcher Gruppe oder Konfession auch immer sich für ‚vollkommener' oder in der Nachfolge Jesu als weiter fortgeschritten halten als andere, dann kann ich ihnen nur entgegenhalten: „Was bildet ihr euch eigentlich ein? ‚Vollkommen sein' – das ist etwas, was der Apostel Paulus auch angesichts aller seiner Verdienste als für sich noch lange nicht erreicht sieht – wollt ihr darin besser sein als er?"

‚Vollkommen sein in der Nachfolge Jesu' das ist – wie es auch in Texten des Neuen Testaments bestätigt wird – immer ein Geschenk Gottes, das ist Ausdruck unverdienter Gnade und nicht etwas, das man sich erarbeiten, das man sich selbst verdienen kann: Wenn es etwa im Brief an die Epheser im 2. Kapitel in den Versen 8 und 9 heißt: *„Denn aus Gnade seid ihr durch den Glauben gerettet, nicht aus eigener Kraft – Gott hat es geschenkt, nicht auf Grund eurer Werke, damit sich niemand rühmen kann."* und wenn es im 2. Brief des Petrus im 3. Vers des 1. Kapitels heißt: *„Alles, was für unser Leben und für unsere Frömmigkeit gut ist, hat seine göttliche Macht uns geschenkt; sie hat uns den erkennen lassen, der uns durch seine Herrlichkeit und Kraft berufen hat."* - da kann ich dann nur sagen: „Lieber Paulus, ich bin dir wirklich dankbar, dass du das mit dem Bemühen um Vollkommenheit als einer Herausforderung für jeden von uns einmal so klar zum Ausdruck gebracht hast. Und das, was du hier schreibst, das tröstet mich ungemein. Denn wenn ich im Bereich der verschiedenen christlichen Hierarchien und Institutionen so um mich sehe, dann sehe ich viele Amts- und Würdenträger in großartigen Gewändern und mit prächtigen Kreuzen geschmückt. Da sehe ich viele verdienstvolle und auch mit Orden ausgezeichnete Leute in der Diakonie und in Missions- und anderen Werken, die mir alle so vorbildlich erscheinen in ihrer Quasi-Vollkommenheit im Dienste Jesu und seiner Kirche. Angesichts so vieler Pracht und immer wieder zu hörender Lobreden fühle ich mich so unvollkommen und geradezu nutzlos im Vergleich mit diesen doch so vollkommen erscheinenden Persönlichkeiten. Persönlichkeiten, die dann zu Vorbildern erklärt werden oder die sich selbst sogar in dieser Rolle sehen und wohlfühlen mögen.

Ich danke dir, lieber Paulus, dass du dich ungeachtet aller deiner Verdienste und deines Leiden für die Sache Jesu immer noch als erst auf dem Wege siehst und noch fern von dem Ziel. Darin fühle ich mich dir zutiefst verbunden und ich möchte dir herzlich danken für den Trost, den du mir damit vermittelst." Und ich kann fortfahren: „Danke, lieber Paulus, dass du dich mir bekannt machst als jemand, der nur einer von vielen sein will, die dem gemeinsamen Ziel entgegenlaufen. Ich verstehe dich auch dahingehend, dass es in erster Linie nur auf das Erreichen des Zieles ankommt, aber nicht um Konkurrenzkampf, wer denn nun als erster, als zweiter oder als dritter Sieger und Medaillenempfänger die Ziellinie passieren wird und wer dann mit welchen Verdienstorden ausgezeichnet wird. Und das sehe ich als Zuspruch, als Ermutigung, nicht aufzugeben, sondern weiterzulaufen, auch wenn es schwierig wird und wenn meine Kräfte nachlassen. Und ich sehe es auch als Ermutigung an, nicht neidisch zu sein auf Leute, die da so viel weiter sind als ich. Das Ziel nicht aus den Augen verlieren, sich nicht von Erinnerungen an gestern abbringen zu lassen von dem festen Willen, das Ziel zu erreichen: Danke, lieber Paulus, auch für diesen Zuspruch und für diese Wegweisung."

Es ist mir wichtig, tröstlich und anspornend, Paulus so zu mir sprechen zu lassen. Und ich denke, dass auch Sie sich durch eine solche Aktualisierung dieses Textes angesprochen fühlen können. Denn – und so darf und muss man Paulus wohl verstehen können: Wie heute Läufer bei Wettkämpfen, so läuft jeder auf einer eigenen Bahn. Und ich möchte hier bildhaft sagen: auf einer von Gott für ihn persönlich eingerichteten Bahn – einer Bahn, die seinen ihm von Gott gegebenen Fähigkeiten entspricht. Gott hat jedem von uns ganz persönliche Fähigkeiten gegeben. Darüber brauchen wir nicht zu diskutieren und das steht schon in dem 3. Kapitel des Buches Kohelet, dessen Verse 10 und 11 ich vorher zitierte und in denen es um die bestmögliche Verwirklichung von Gott gegebener Fähigkeiten geht, als Ziel, *„... für das jeder Mensch durch Gottes Auftrag sich abmüht"*. Und so erwartet Gott auch heute von uns, dass wir das Beste machen aus den Fähigkeiten, die er uns gegeben hat. Und dass wir diese Fähigkeiten dann auch einsetzen da, wo wir anderen damit helfen können. *„Lasset uns laufen in dem Kampf, der uns verordnet ist"* sagt Paulus an einer anderen Stelle. Und mit diesem *„... der uns verordnet ist"* meint Paulus: zu dem Dienst, zu dem uns Gott befähigt hat und immer wieder neu ermutigt. In einem solchen Bemühen sind wir dann auf dem Wege zu der Vollkommenheit, von der Jesus spricht. und die er uns als Ziel vorgibt.

Dies ist eine andere und überzeugendere Vollkommenheit als die Vollkommenheiten, die Gruppen- und Medienvertreter etwa von Bewerbern um eine Präsidentschaft unseres Landes einfordern mögen. Forderungen solcher Art spiegeln nur eigene Vorstellungen von Interessenten wider – und deshalb sollten sich Christen von solchen Forderungen nicht blenden lassen. ‚Vollkommen sein' – das ist eine Eigenschaft Gottes – in der Gestalt des Vaters, des Sohnes und des Heiligen Geistes. Und das ist etwas, das Menschen in der Nachfolge Jesu Christi von Gott geschenkt werden kann Und das ist zugleich ein Ziel, das jeder von uns so anstreben kann, wie es Paulus angestrebt hat.

3. Handlungsanweisungen – aktualisiert und angepasst

3.1 Auf der Suche nach einer gesicherten Zukunft

Jahreslosung? Ich tue mich immer sehr schwer mit aus ihren Zusammenhängen herausgerissenen Texten von Jahreslosungen – und sehe es als besondere Herausforderung an, den Gehalt einer solchen Jahreslosung für andere nachvollziehbar zu machen. Die Jahreslosung für 2013 heißt: ***„Wir haben hier keine bleibende Stadt – aber die zukünftige suchen wir!" Hebr 13,14*** *(rev. Lutherübersetzung 1984)*

Diese Feststellung enthält drei miteinander verbundene Aspekte:

– Die Feststellung, dass wir hier keine bleibende Stadt haben, beinhaltet den Verzicht auf dauernde Sicherheit und Geborgenheit hinter festen Mauern, wie sie nun einmal Kennzeichen früherer Städte waren.

– Die Feststellung eines ‚Suchens' unterstreicht ein ‚nicht auf Dauer sicher und geborgen sein' und ist zugleich Zeichen von Unrast und Wanderung.

– Die Feststellung von einer zukünftigen Stadt als Ziel unserer Suche beinhaltet Vorstellungen und Visionen, in die wir hineinprojizieren können, was wir uns als dauernde Sicherheit und Geborgenheit wünschen mögen.

Drei Aspekte – und wenn wir jetzt eine große Wandtafel vor uns hätten, dann würde ich Sie bitten, zu jedem dieser Aspekte zu sagen, was Ihnen dabei einfällt und was Sie mit jedem Punkt verbinden an Gedanken, an Gefühlen und Eindrücken – und ich würde es notieren. Das wäre ein geeigneter Einstieg in eine fragende Zielsetzung „Welche Gedanken und Vorstellungen verbindet jeder einzelne von uns mit diesem Text?" Ein guter Einstieg, weil er eigene Sichten, eigene Gedanken und eigene Erfahrungen herausfordern würde gegenüber einem bloßen ‚Abnicken'. Dabei meine ich mit ‚Abnicken' die Feststellung eines ‚ist ja schon richtig, was da gesagt wird' oder aber eines ‚ist auf jeden Fall nicht verkehrt – und deshalb kann ich zustimmen ohne mir eigene Gedanken dazu machen zu müssen.' Es ist nun einmal so, dass Christen immer wieder ein solches ‚Abnicken' praktizieren angesichts von Bibeltexten, über die sie sich weiter keine Gedanken machen oder machen möchten. Wie wollen wir aber tiefer gehen bei der Beschäftigung oder gar Auseinandersetzung mit dem Text der Jahreslosung?

Die Verunsicherung, die der erste Teil des Textes anspricht, ist grundsätzlich etwas Unangenehmes: Sie steht dem Wunsch nach dauernder Sicherheit und Geborgenheit entgegen, der immer ein tiefes Bedürfnis von Menschen gewesen ist. Und gerade in der Vergangenheit hat eine Stadt ihren Bewohnern mit ihren Mauern und Befestigungen das Gefühl von Sicherheit vermittelt angesichts von außen kommender Bedrohungen und Gefahren. Wobei dieses Gefühl von Sicherheit und Geborgenheit dann allerdings auch seinen Preis hatte: Gerade die mittelalterliche Stadt steht auch für Enge und Einordnung, für einen Gehorsam gegenüber Traditionen und denen, die sie verwalteten und dann oft im Namen solcher Traditionen ‚Recht' sprachen. Sicherheit und Geborgenheit auf der einen und Enge und Traditionsverhaftung auf der anderen Seite, wie sie mit früheren Vorstellungen von ‚Stadt' verbunden waren: Diese Gefühle können aber auch auf ganz andere Bereiche übertragen werden. In solch übertragenem Sinne etwa dann, wenn es um Aussagen des Glaubens geht. Denn auch persönlicher Glauben kann sich von außen bedroht und gefährdet sehen – oder aber leiden an der Enge von Traditionen und vorgeschriebenen Arten eines ‚man darf nur so denken und glauben'. Und angesichts von Gefährdungen eines persönlichen Glaubens, die sich in vielfältiger Form in unserer Gesellschaft finden, suchen dann Christen Zuflucht hinter hohen geistigen Mauern, die sie in einem kompromisslosen ‚Glauben an die Texte der Bibel' suchen: Sie wenden sich einem Fundamentalismus zu, der sich bewusst abschottet gegenüber allem, was an neuen Fragen und Herausforderungen an den christlichen Glauben gestellt wird. „Wir wollen uns nicht einlassen auf die Fragen, die heute an den Glauben gestellt werden – nein, uns genügt, was wir uns als Fundamente unseres persönlichen Glaubens aus der Bibel und besonders aus dem Alten Testament zusammenstellen!" Eine so geartete Verteidigungshaltung findet unter Christen immer mehr Anhänger: Eine Verschanzung hinter geistigen Mauern, die Geborgenheit versprechen. Aber kann das im Sinne von Jesus und seines größten Verkündigers Paulus sein? Jesus hat sehr wohl unterschieden zwischen dem Wortlaut von Texten des Alten Testaments, auf die sich die Theologen seiner Zeit beriefen und dem Geist und der Absicht solcher Texte. Er lebte vor, dass wir auf scheinbare Sicherheiten verzichten können und sollen, wenn es darum geht, die ‚Freiheit der Kinder Gottes' zu leben auch entgegen Traditionen und engstirnigen

Gesetzesauslegungen. Wenn wir daran glauben, dass Jesus lebt und uns begleitet und dass der Heiligen Geist bei uns wirksam ist, dann heißt das doch: Jesus erwartet, dass wir uns den Herausforderungen stellen, mit denen wir in seiner Nachfolge heute in immer neuen Formen konfrontiert werden. Jesus hat uns den Beistand des Heiligen Geistes gerade in Krisensituationen versprochen – aber nicht eine Sicherheit gegen Fragen und Angriffe von außen. Und so fragen gerade junge Christen heute in kritischen Situationen ihres persönlichen Lebens und gesellschaftlicher Verpflichtungen „Was würde Jesus tun?“ Solches Fragen entspricht dann genau diesem Suchen nach Verlässlichem, nach Bleibendem. Dabei wird der Vorgang des Suchens nach einer zukünftigen Stadt, in der wir auf Dauer Sicherheit und Geborgenheit finden können, in der Heiligen Schrift sehr zutreffend beschrieben durch das Bild vom ‚wandernden Gottesvolk'. Ein sehr eingängiges Bild, das aus dem Alten Testament übernommen wurde und das bis heute aktuell geblieben ist als Beschreibung für den Zustand der christlichen Gemeinde. Dieses Bild vom ‚wandernden Gottesvolk' steht zugleich sehr überzeugend für Suche – und für Veränderungen, wie sie nun einmal mit ‚Suche' verbunden sind. Denn dieses ‚wir haben hier keine bleibende Stadt' gilt schließlich auch für Gemeinden und für Kirchen, die immer wieder in der Versuchung stehen, sich Organisationsformen und Strukturen aufzubauen, die dann viele Jahrhunderte überdauern sollen. Aber auch solche Organisationsformen und Strukturen können keine ‚bleibende Stadt' sein für Christen, wenn sich solche Strukturen berufen auf Traditionen, die ihren Ursprung herleiten aus gesellschaftlichen Verhältnissen, wie sie einmal Gültigkeit hatten etwa zur Zeit Jesu in Palästina, später im Römischen Imperium und noch später im deutschen Mittelalter. Immer wieder gab und gibt es bis heute in Kirchen und Gemeinden Christen, die Veränderungen und Bewegungen anmahnen und die so den Gedanken an diese Suche als Aufgabe und Herausforderung wach halten.

Die Vorstellungen, die sich im Laufe von mehr als zwei Jahrtausenden mit dem Bild der ‚zukünftigen Stadt' verbunden haben, die sind stets zeitbedingt gewesen. Ob nun die Texte des Alten Testaments von dem Berg Zion schreiben, zu dem die Völker der Welt wallfahren sollen, damit dort ein großes Versöhnungsfest gefeiert wird, oder ob der Seher Johannes in den Schlusskapiteln der Offenbarung sehr ins Einzelne gehend ein ‚himmlisches

Jerusalem' beschreibt, das vom Himmel herab gesandt werden soll und in dem Gott selbst Wohnung nehmen will inmitten seiner Menschen: das sind Vorstellungen und Bilder vergangener Zeiten, die uns heute fremd geworden sind. Vorstellungen und Bilder, die gerade jungen Menschen kaum oder gar nicht zu vermitteln sind.

Dies alles sind Überlegungen und Sachverhalte, die sich aus dem Text unserer Jahreslosung ergeben, die aber immer noch keine überzeugende Antwort geben auf die entscheidende Frage: „Was soll dieser Text denn für mich persönlich bedeuten? Was sagt er mir als Wegweisung für den richtigen Weg, der zu einer auf Dauer bleibenden Sicherheit und Geborgenheit führt ‚in einer zukünftigen Stadt'?

Und wenn ich heute Umschau halte über das, was christliche Verkündigung vermittelt zu der Frage nach einem ‚richtigen Weg' in eine Geborgenheit, wie sie mit dem Bild der zukünftigen Stadt verbunden ist? Dann stoße ich auf viel Herumtasten, auf mancherlei Verunsicherung darüber, wie dieses Bild wohl gemeint sein mag und sogar auf einander widersprechende Wegweisungen. Dabei verbinden wir doch alle mit dem Begriff ‚suchen' das Bemühen um richtige Wegweisung und um verlässliche Auskunft – wobei wir aber auch wissen, dass zum Suchen auch und immer wieder Unsicherheiten gehören und die Gefahr, auf falsche Wege zu geraten, Irrwege einzuschlagen.

In der Heiligen Schrift findet sich sehr viel über Suchen und auch über falsche Wege. Insbesondere Jesus liebt das Bild von Schafen, die in die Irre gehen, die sich verlaufen haben und dabei bedroht werden. In die Irre gelaufene Schafe, die ein guter Hirte suchen muss, damit sie wieder ausgerichtet werden auf das Ziel der ganzen Herde. Schafe, die sich verlaufen haben – das sind im Verständnis des Neuen Testaments Menschen, die von ihren Irrwegen zurückgeholt werden müssen, die Wegweisung brauchen und die behütet werden müssen davor, in der Dürre umzukommen oder Feinden zum Opfer zu fallen. Und das wird dann die persönliche Botschaft unseres Textes: Alle aktuellen Sicherheiten, in denen wir uns einrichten möchten und mit denen wir ein zufriedenes und nach manchem Verständnis sogar ‚gottgefälliges' Leben genießen möchten: Sie sind nur vorläufig. Im Neuen Testament wird dies in eindrucksvoller Weise an zwei Beispielen gezeigt: In der bekannten Geschichte vom ‚Reichen Kornbauern' wird mit der Illusion aufgeräumt, dass materieller Besitz verlässliche Sicherheit bieten kann. Eine Erfahrung, die die hinter uns liegenden Jahre mit ihren finanziellen Zusammenbrüchen in dramatischer Weise bestätigt haben. Und in der Geschichte vom gleichzeitigen Gebet des Pharisäers und des sündigen Zöllners im Tempel zeigt Jesus, dass auch das Berufen auf ein selbstsicheres und selbstgefälliges ‚Gerechtsein vor Gott' ein Irrweg ist.

Vorstellungen von Sicherheiten – ob nun materiell oder hinter geistigen Mauern in einem christlichen Umfeld – sollen uns nicht den Blick dafür versperren oder trüben, dass Gott mit jedem einzelnen von uns etwas vor hat und uns aus allen diesen vorläufigen Sicherheiten heraus auf die Suche schicken möchte nach der endgültigen Sicherheit in der Geborgenheit seiner Liebe. Aus dieser Sicht heraus wird die hier angesprochene ‚zukünftige Stadt' dann viel konkreter und geht hinaus über die farbenprächtige Vision, die der Seher Johannes beschreibt. Diese ‚zukünftige Stadt' wird dann zu einer Zielvorgabe, die wir verbinden können mit zwei Verheißungen Jesu an seine Jünger aus dem Evangelium des Johannes: „Wer mir dienen will, der folge mir nach – und wo ich bin, da soll mein Diener auch sein" und „Im Haus meines Vaters sind viele Wohnungen; wäre es nicht so, hätte ich euch dann gesagt: Ich gehe, um euch eine Stätte zu bereiten? Und wenn ich gegangen bin und euch eine Stätte bereitet habe, komme ich wieder und werde euch zu mir holen, damit auch ihr dort seid, wo ich bin:" Dieses „damit auch ihr dort seid, wo ich bin" ist dann eine zeitlos gültige Beschreibung für das Bild der zukünftigen Stadt – zeitlos gültig darin, dass es die Verbindung zu dem lebenden Jesus zeigt als Ziel der Suche. ‚In der zukünftigen Stadt leben' – das ist dann gleichbedeutend mit einer immerwährenden Nähe zu Jesus, mit der Geborgenheit, von ihm in seinen Armen umfangen zu werden. Eine solche Vorstellung von Geborgenheit – die ist dann auch heute vermittelbar und die können auch mit der Bibel nicht vertraute und auch junge Menschen nachvollziehen. Mit einer solchen Vorstellung von einer zukünftigen Stadt als Ziel unserer Suche bekommt dann auch die Verheißung und zugleich Bitte Jesu in seinem hohepriesterlichen Gebet ihren Sinn: „Vater, ich will, dass dort, wo ich bin, auch all jene sind, die Du mir gegeben hast, damit sie meine Herrlichkeit schauen." Jesus als Ziel unserer Suche und unserer Wanderung hin zu der ‚zukünftigen Stadt' – und damit haben wir die verlässliche Auskunft und die Wegweisung, die wir brauchen für unseren Weg.

3.2 Was könnte ich nur alles tun ...

2. Kor 12,6-10 (Übersetzung „Willkommen daheim“)

„Wenn ich nur gesund wäre – was könnte ich dann alles tun im Dienste unseres Herrn Jesus – und für meine Gemeinde!“ und „Wenn ich nicht so alt und schwach wäre – wie könnte ich mit meiner Lebenserfahrung und mit meinen Möglichkeiten anderen helfen – und natürlich auch weiter aktiv in meiner Gemeinde mitarbeiten!“ – Klagen, die ich in der einen oder anderen Formulierung immer wieder gehört habe und die ja auch von Gliedern unserer Gemeinde im Stillen oder vernehmbar ausgesprochen werden. Etwa von Gemeindegliedern, die in Ehren alt geworden sind und bei denen die Kräfte für eine aktive Mitarbeit in der Gemeinde nicht mehr ausreichen.

Dieses Klagen, sich nicht mehr so einbringen zu können, wie ich es gerne möchte – das hat es in der Geschichte der Kirche von Anfang an gegeben.

Aus der „Willkommen daheim“-Übersetzung lese ich aus dem 2. Brief an die Korinther, wo Paulus im 12. Kapitel schreibt:

Natürlich gibt es auch in meinem Leben Dinge, die ich groß herausstellen könnte, ohne dass mir jemand meinen gesunden Menschenverstand absprechen dürfte. Das liegt daran, dass ich die Wahrheit sagen würde. Ich erspare es aber mir und euch, damit sich niemand ein falsches Bild von mir macht, das weit über die Wirklichkeit hinausgeht, sei es, weil er irgendetwas über mich gehört hat, sei es wegen der unglaublich vielen Zeichen und Visionen, die Gott mir geschenkt hat. Gott hat schon vorgesorgt, dass ich deswegen nicht überheblich werde: Ich muss gegen etwas in mir ankämpfen, das wie ein spitzer Dorn in meinem Fleisch sitzt. Ein Engel Satans darf mich ganz offensichtlich ständig mit Fäusten schlagen, damit ich mich in keinem Augenblick über andere erhebe.

Im Hinblick auf diesen Stachel habe ich den Herrn schon dreimal angefleht, dass er ihn aus meinem Fleisch herausziehen möge. Doch seine Antwort lautete nur: ***„Meine Gnade genügt dir, denn meine Kraft kommt gerade in deiner Schwachheit zur Vollendung.“***

Ich werde also auch gern weiterhin meine Schwachheit beim Namen nennen, damit die Kraft Christi mich erfüllt. Darum machen mir letztlich meine eigene Schwachheit, die Misshandlungen, die vielen Notlagen, die Verfolgung und das Erleiden von Gewalt nichts aus, weil ich das alles für Christus ertragen darf.

Denn wenn ich schwach bin, dann bin ich stark – durch ihn, der mir die Kraft schenkt."

Heute würde ich in der Situation des Paulus etwa so formulieren: „Herr, Du hast mich mit einer Krankheit geschlagen, die mich immer wieder daran hindert, mich so für Dich einzusetzen, wie ich es gerne möchte – aber wie viel mehr könnte ich leisten, wenn Du mich gesund machen würdest!"

Solche Klagen eines Gottesmannes sind zeitlos – wobei ich gleich herausstellen möchte, dass auch Gottesfrauen im Dienste unseres Herrn so geklagt haben. „Was könnte ich alles schaffen, wenn ich nur gesund wäre ..." – Fragen und Überlegungen, die dann auch dazu führen können, dass die naheliegende und immer unbeantwortet bleibende Frage nach dem ‚Warum' dieser Krankheit oder Behinderung gestellt wird.

Und so wendet sich auch Paulus an Gott – erfüllt von Missions- und Reiseplänen. Um dann die Antwort zu erhalten: „Lass Dir an meiner Gnade genug sein!" – jene klassische Formulierung aus der Lutherbibel.

Für mich ist dieser Zuspruch, dass Paulus der Gnade Gottes gewiss sein kann, das Entscheidende dieses Textes. Wo ein Psalmbeter des Alten Testaments nur resigniert feststellen kann, dass Gottes Kraft im Reich des Todes ihre Grenze hat, da bekommt Paulus eine konkrete Antwort. Es mag ihm nicht leicht gefallen sein, diese Antwort zu akzeptieren, weil er sich Anderes erhofft hat. Aber er akzeptiert, dass Gott ihm seine Grenzen zeigen wollte – selbst wenn das auf Kosten der Ausbreitung des Evangeliums gegangen sein mag.

„Lass Dir an meiner Gnade genug sein!" – wenn Paulus immer wieder seine Schwachheit und sein Unvermögen betont, dann hebt ihn diese Zusage der Gnade Gottes doch weit hinaus über alle, die sich auf ihre eigene Leistungsfähigkeit verlassen.

Dieser Zuspruch der Gnade ist hier ganz persönlich an Paulus gerichtet als Antwort Gottes auf sein wiederholtes Bitten um Befreiung von seiner Krankheit. Und die Begründung Gottes – wiederum in der Lutherbibel-Formulierung – „denn meine Kraft ist in den Schwachen mächtig" ist eine Erklärung mit der Gott betonen will, dass für ihn andere Maßstäbe gelten als die, die selbstverständlich sind für die Zeitgenossen des Paulus und damit für Menschen, denen er das Evangelium predigen will. Denn die Götter der griechisch-römischen Religion, die verleihen gerade den Starken, denen sie gewogen sind, noch mehr Kraft und Stärke. Ihre Zuwendung gilt eben den Starken, die durch göttliche Hilfe zu Helden mit göttlicher Kraft oder zu Halbgöttern erhoben werden. Solche göttliche Hilfe - die durchaus als Geschenk oder gar Gnade empfunden werden kann - die macht die Starken noch stärker, aber für Schwache ist da kein Platz und die fallen unter den Tisch. „Nein" sagt Gott, „bei mir ist das anders, denn bei mir kommen gerade die Schwachen und die Randsiedler der Gesellschaft zu ihrem Recht". Und das heißt dann im Originalton Jesu: „Die Gesunden bedürfen des Arztes nicht - wohl aber die Kranken!"

Dieser Halbsatz „denn meine Kraft ist in den Schwachen mächtig" - das ist die Jahreslosung ,die aus diesem umfassenden Text herausgelöst worden ist.

Ich mag diese Jahreslosung 2012 nicht aus zwei Gründen:

Zum einen, weil ich den in der Verkündigung der Heiligen Schrift von Anfang an eingerissenen Brauch für höchst fragwürdig halte, konkrete Einzelfälle so zu verallgemeinern, dass man daraus Gesamtaussagen macht, die dann für alle Menschen und für alle möglichen Situationen gelten sollen. Dies habe ich gelernt von dem großen katholischen Ausleger des Neuen Testaments Helmut Merklein, der in Bonn Professor war. Er demonstrierte dieses ,nicht jede Aussage verallgemeinern' am Beispiel jener berüchtigten Verse, bei denen es darum geht, dass Frauen in den Gemeindeversammlungen schweigen sollen. Die in diesen Versen auf ganz bestimmte Einzelfälle bezogenen Aussagen wurden und werden bis heute von frauenfeindlichen Auslegern dahingehend verallgemeinert, dass grundsätzlich allen Frauen verboten wurde, in Gottesdiensten zu sprechen und zu predigen. Und weil es bis heute Ausleger gegeben hat und gibt, die ein Interesse daran hatten und haben, Bibelverse aus ihrem Zusammenhang zu reißen und dann so auszulegen, wie es ihrer Interessenlage entspricht. Deshalb ist es immer wieder wichtig zu fragen, ob eine in einer bestimmten Situation gemachte Aussage so allgemeingültig ist, dass sie auch auf andere Zusammenhänge und Situationen angewandt wenden kann. Und ob dies in voller Allgemeinheit für diesen verkürzten Text der Jahreslosung „Meine Kraft ist in den Schwachen mächtig" gilt, daran habe ich meine Zweifel, auf die ich im Folgenden eingehe.

Und zum andern lehne ich sie in der vorgelegten Form ab als willkürliche Verkürzung oder gar Kastrierung des Verses „Lass Dir an meiner Gnade genug sein, denn meine Kraft ist in den Schwachen mächtig“.

Ich sehe das Entscheidende dieses Verses in dem Zuspruch der Gnade Gottes an Paulus als Antwort Gottes auf dessen wiederholte Bitten um Befreiung von seiner Krankheit. Ohne diesen gezielten Zuspruch der Gnade ist der Halbvers „meine Kraft ist in den Schwachen mächtig“ in seiner Verallgemeinerung oft genug für Christen nur sehr schwer oder gar nicht nachvollziehbar. Denn wenn ich die Menschen aufliste, die heute in unserer Gesellschaft als ‚die Schwachen' angesehen werden – von den vernachlässigten Kindern angefangen über Menschen mit Behinderungen, über Obdachlose, über Hartz-IV-Empfänger, über Wirtschaftsflüchtlinge aus Afrika, über nach Deutschland verschleppte Zwangsprostituierte bis hin zu der wachsenden Zahl von Menschen, die an Demenz leiden und die in ihrer Hilflosigkeit nun wirklich ‚die Schwächsten' sind – wer möchte dann sagen, dass Gottes Kraft in allen diesen Schwachen ‚mächtig' ist? Und ich kann mir allzu gut vorstellen, dass sehr viele der hier genannten Menschen nur darüber spotten würden, wenn Christen ihnen sagen würden: ‚aber Gottes Kraft ist doch in eurer Schwachheit mächtig!'

Was sollten sie damit anfangen – und was sollen oder können Christen tun, um solchen Menschen in voller Allgemeinheit – und ebenso einzelnen Hilflosen, die ganz auf die Hilfe von Angehörigen angewiesen sind, ein ‚aber Gottes Kraft ist in Euch mächtig' zuzusprechen? Lassen Sie mich dies an einem erschütternden Beispiel aus meinem Bekanntenkreis erklären: Gerade zu Weihnachten erfuhren meine Frau und ich, dass die beste Freundin meiner verstorbenen Mutter an Alzheimer in einem sehr fortgeschrittenen Stadium leidet – so schlimm, dass ihre beiden Töchter sich in der Pflege dauernd abwechseln müssen, weil sie keine Pflegerin für ihre Mutter bekommen. Eine Frau, die in ihrem Leben sehr viel Schweres hat erdulden müssen, weil sie als junges Mädchen nach 1945 zur Zwangsarbeit nach Russland verschleppt wurde und gebrochen zurückkam. Was soll in einer solchen Situation der Spruch ‚Meine Kraft ist in den Schwachen mächtig', wenn er eben nicht auf dem Zuspruch der Gnade Gottes als Grundlage aufbaut? Wir alle leben von der Gnade Gottes – und die Schwachen sind erst recht auf sie angewiesen. Und deshalb mag ich es nicht, dass der Zuspruch der Gnade Gottes in dieser

Losung so einfach weggelassen wurde – an Platzmangel kann es nicht gelegen haben, denn da gab es schon längere Losungstexte!

Ich sehe es als wichtig und geradezu notwendig an, dass sich evangelische Christen in unseren Gemeinden Gedanken darüber machen und darüber ins Gespräch kommen, was ihnen die Jahreslosung überhaupt bedeutet. Das gilt dann auch – und aus meiner Sicht besonders – hinsichtlich der Frage, ob Christen einen Unterschied sehen zwischen dieser Kurzfassung und dem vollen Text mit der Zusage der Gnade Gottes. Für meine Frau und für mich war es sehr aufschlussreich, dass der Vorsitzende der Bonner Arbeitsgemeinschaft Christlicher Kirchen, in der meine Frau inzwischen Mitglied des Vorstandes ist, in einem Grußwort an alle Mitarbeiter dieser ACK als ‚Jahreslosung' den vollen Text verwendete „Lass Dir an meiner Gnade genügen, denn meine Kraft ist in den Schwachen mächtig".

Auf jeden Fall hoffe ich, dass die Jahreslosung auch in der nun offiziell ‚verkürzten' Form Christen und Menschen über die Grenzen der Kirchen hinaus anspricht. Dass sie ihnen in schwierigen Situationen Hilfe und Trost bedeutet und sie zum Nachdenken anregt. Ihnen dann weiterzuhelfen und Wegweisung zu bieten – das wird dann Sache Gottes in der Gestalt seines Heiligen Geistes, den er uns als Tröster und Helfer geschickt hat. Dieser Heilige Geist macht keinen Unterschied zwischen Christen und ‚Kirchenfernen', wie Nichtchristen neuerdings genannt werden. Er hilft beiden – und immer wieder durch Menschen, die er ihnen an den Weg und manchmal auch gerade in den Weg stellt. Es ist Herausforderung des Heiligen Geistes an jeden von uns, bereit zu sein, solchen suchenden und fragenden Menschen zu erzählen von der Liebe Gottes, die in Jesus Christus Gestalt angenommen hat. Das mag immer wieder schwer fallen und manchmal geradezu unangenehm sein – aber es ist nun einmal Gottes Auftrag, den wir ungeachtet aller Schwachheit und auch wenn es uns schwer fällt auszuführen haben. Und wenn wir im Jahr 2012 einer solchen Herausforderung gegenüberstehen, dann dürfen wir Gottes Heiligen Geist bitten, dass er uns die richtigen Worte und das richtige Verhalten gibt. Auf diese Weise wird er dann auch in unserer Schwachheit mächtig sein.

3.3 Ängste abbauen

Predigt zu Matth 6,25-34 (rev. Luther-Übersetzung 1984)

Jesus spricht in seiner Bergpredigt :
Sorget nicht um euer Leben, was ihr essen und trinken werdet; auch nicht um euren Leib, was ihr anziehen werdet.
Ist denn das Leben nicht mehr als die Nahrung und der Leib mehr als die Kleidung?
Seht die Vögel unter dem Himmel an: sie säen nicht, sie ernten nicht, sie sammeln nicht in die Scheunen, und euer himmlischer Vater ernährt sie doch. Seid ihr denn nicht viel mehr als sie?
Wer ist unter euch, der seines Lebens Länge eine Spanne zusetzen könnte, wie sehr er sich auch darum sorgt?
Und warum sorgt ihr euch um die Kleidung?
Schaut die Lilien auf dem Feld an, wie sie wachsen: sie arbeiten nicht, auch spinnen sie nicht.
Ich sage euch, dass auch Salomo in aller seiner Herrlichkeit nicht gekleidet gewesen ist wie eine von ihnen.
Wenn Gott das Gras auf dem Feld so kleidet, das doch heute steht und morgen in den Ofen geworfen wird, sollte er das nicht viel mehr für euch tun, ihr Kleingläubigen?

Darum sollt ihr nicht sorgen und sagen: Was werden wir essen? Was werden wir trinken? Womit werden wir uns kleiden? Nach dem allen trachten die Heiden. Denn euer himmlischer Vater weiß, dass ihr all dessen bedürft.
Trachtet zuerst nach dem Reich Gottes und nach seiner Gerechtigkeit, so wird euch das alles zufallen.

Darum sorget nicht für morgen, denn der morgige Tag wird für das Seine sorgen. Es ist genug, dass jeder Tag seine eigene Plage hat.

Die Bilder unseres Textes von den Lilien auf dem Felde und den Vögeln unter dem Himmel sind geradezu sprichwörtlich geworden. Heute verstehen wir sie als Ausdruck eines vergangenen, naturverbundenen Lebensgefühls und einer dazugehörigen Frömmigkeit. Aber wenn ich frage, was dieser Text uns heute zu sagen hat, dann gerate ich schnell in Verlegenheit – wurde doch in unseren Gemeinden wie in unserer Gesellschaft die Sorge um das tägliche Brot längst von einer Vielzahl anderer Sorgen und Ängste abgelöst. Aber ich möchte diesen Text auslegen als eine auch für uns aktuelle Aussage Jesu – fern von jeder Naturromantik Auch wenn Naturromantik heute auch in christlichen Kreisen wieder gefragt ist: Aber das ist sicher nicht das, was Jesus hier zum Ausdruck bringen will.

Schon die einfache Frage, wen Jesus mit diesem Text eigentlich ansprechen will, die hat es in sich: Sind es mit besonderem Auftrag ausgesandte Jünger – wie es der Aussendungsbefehl an die 70 Jünger beispielhaft dokumentiert – die nach erfülltem Auftrag wieder ihr ‚normales Leben' aufnehmen? Oder sollen die in unserem Text gemachten Zusagen und Aufforderungen ohne Einschränkungen für die ganze Gemeinde der ‚Nachfolger Jesu' gelten?

Wenn ich diesen Text als Aufforderung an die ganze Gemeinde der Jesus-Nachfolger verstehen will, dann wird das eine Gratwanderung. Eine Gratwanderung zwischen einem Vertrauen in die Zusagen Jesu „Sorget nicht für den morgigen Tag ... Euer himmlischer Vater weiß, dass ihr alles dessen bedürft ... so wird Euch das alles zufallen" – und den vielfältigen Aufrufen Jesu zu guter Haushalterschaft und kluger Vorsorge. Als Beispiel dafür kennen wir das Gleichnis von dem betrügerischen Verwalter, der durch die Fälschung von Schuldscheinen für die Zeit nach seiner Entlassung vorsorgt und dem Jesus Respekt und Anerkennung für seine Daseinsvorsorge nicht versagt. Und wir kennen auch Paulus' Aussage „Wer nicht arbeitet, soll auch nicht essen" – eine Aussage, die unfreiwillig Arbeitslose nur empören kann.

Von der Frage nach der Zielgruppe für Jesu Aussage führt also ein sehr kurzer Weg zur Diskussion von Gesellschaftsmodellen und Maßnahmen zur sozialen Absicherung. Und damit – auf Jesus und seine Zeit bezogen – zu weiteren Fragen: Wie weit können Vorstellungen aus der Zeit des Neuen Testaments etwa herangezogen werden zu unseren Vorstellungen von der Versorgung von Arbeitslosen und etwa wegen Krankheiten oder Behinderungen Arbeitsunfähigen? Das Problem Kranker und Arbeitsunfähiger zur Zeit Jesu – und unser soziales Netz, dessen Ausprägung sich christlich nennende Parteipolitiker doch oft genug als praktische Auswirkung christlicher Vorstellungen darstellen möchten? So interessant solche Überlegungen auch sein mögen: Sie sollen nur am Rande Gegenstand dieser Predigt sein.

Aber auch ein herausgehobener Vers 33: „Trachtet am ersten nach dem Reich Gottes und nach seiner Gerechtigkeit, so wird euch das alles zufallen" hat seine Tücken: Soll das nun verlässliche Zusage sein an glaubende Christen, sich in ihren Bedürfnissen zuerst Gott anzuvertrauen und dann ganz auf seine Hilfe zu verlassen? Das sagt sich so leicht her - aber wenn wir uns allein in unserer sich ‚christlich geprägt' nennenden Welt umschauen, dann sieht die Wirklichkeit doch anders aus. Hungernde, ausgebeutete Kinder in Mittel- und Südamerika, in Afrika und in größerer Nähe zu uns auf dem Balkan: Wie sollen Christen, die hier Opfer - und oft genug auch Täter - sind, diese Zusage für sich verstehen? Und das kann dann schnell ins Persönliche gehen, wenn ich diese Zusagen zitieren würde im Gespräch mit Arbeitskollegen, mit Arbeitsuchenden und mit Menschen, die durch die Maschen des sozialen Netzes fallen? - eines Netzes, von dem es heißt, dass es immer mehr ausgedünnt wird.

Hier kommen dann individuelle, ganz persönliche Erfahrungen ebenso ins Spiel wie das Scheitern von Lebensplanungen aufgrund falscher Berufswahl und ähnlichem.

Als persönliche Erfahrung kommt bei mir eine bedrückende Erinnerung aus meiner Vergangenheit zurück. Als ich mitten in einer sehr schwierigen persönlichen Situation plötzlich meine Stelle an der Universität verlor, weil bisher geflossene Gelder umgeleitet wurden für andere Projekte. Für mich als jungen Wissenschaftler - gerade verheiratet und mit Frau und Kind und großen finanziellen Verpflichtungen - war das damals ein Schock. Nicht zuletzt deshalb, weil ich jetzt erleben musste, dass vorher gemachte Zusagen und Versprechungen mit einem Mal ‚Schnee von gestern' und einfach hinfällig geworden waren. Das darauffolgende Jahr mit der verzweifelten Suche nach einer Stelle ist in meiner Erinnerung ein reiner Albtraum - auch wenn wir mit Arbeitslosenunterstützung und der Halbtagsarbeit meiner Frau nicht zu hungern brauchten. Dennoch: in einer solchen Situation erscheint die Zusage unseres Textes dann doch mit einem Male in einem anderen Licht. Es ist mir dann 17 Jahre später in einer etwas anderen Situation noch einmal ähnlich gegangen, wobei ich dann allerdings verständnisvolle Unterstützung fand. Aber diese beiden Erfahrungen haben bei mir Spuren hinterlassen, die manchen Optimismus aus biblischen Texten relativieren. Erfahrungen, die mich bei vielen Predigten, die ich als Laienprediger gehalten habe, darauf gestoßen haben, Texte ganz anders und aus einer anderen Perspektive zu lesen und auszulegen als fest angestellte Kirchenbeamte. Und dabei an Ängste und Verletzungen zu denken, die Gesprächspartner oder Predigthörer haben können und die dann ihr Verständnis biblischer Texte überschatten oder ganz verdunkeln.

Diese persönlichen Erfahrungen haben mich auch sensibel gemacht gegenüber direkten Fragen an Textaussagen wie das Wort Jesu „darum sorget nicht für morgen, denn der morgige Tag wird für das Seine sorgen. Es ist genug, dass jeder Tag seine eigene Plage hat.". Was dann Ergänzung ist zu jenem „Was sollen wir essen? Was sollen wir trinken? Was sollen wir anziehen?" Aktuelle Fragen, die sich dann stellen, wenn es um Konsequenzen geht für eigene Entscheidungen - etwa im Hinblick auf eine falsche Berufswahl. Entwicklungen, die wir gar nicht beeinflussen können - wie etwa der weltweite Zusammenbruch von Banken gezeigt hat! - und die Lebensplanungen in sich zusammenfallen lassen. Angesichts solcher Erfahrungen kann dann dieses „darum sorget nicht für morgen" sehr fragwürdig werden. So stand etwa in der ‚Welt am Sonntag' vom 18. Januar 2014, dass schon etwa 10% aller Universitätsabsolventen trotz ordentlichem Abschlussexamen mit weniger als etwa 7,50 Euro als Mindeststundenlohn auskommen müssen. Gescheiterte Lebensplanungen, die dann dahin führen können, kritische Fragen zu stellen an unseren Text. „Nicht für den morgigen Tag sorgen?" Natürlich können wir für uns beim Hören dieser Predigt sagen „Zum Glück trifft das ja alles auf mich nicht oder nicht mehr zu!" Aber es spricht uns doch an als Glieder einer weltweiten Kirche, die auch soziale Verantwortung übernehmen soll und will.

Ich will hier nicht christlichen Politikern ins Handwerk fuschen, die Vorschläge zur Lösung in ihre Wahlprogramme schreiben. Aber gerade als Prediger bewegt mich die Frage „Wie gehe ich um mit Texten, die bei einem ersten, oberflächlichen Lesen gerade den Eindruck eines ‚Gott wird es schon irgendwie richten' vermitteln?" Was sage ich, wenn ich von Nicht-Glaubenden auf diese Aussagen Jesu angesprochen werde? Mit dem skeptischen oder provozierenden Unterton, ob es sich Jesus hier nicht zu leicht macht? Ich bin der Überzeugung, dass es ehrlich ist, auf so Fragende einzugehen und sie anzusprechen auf ihre Ängste und Verletzungen. Etwa mit der Gegenfrage: „Was ärgert Sie so besonders an diesen Texten? Welche eigenen Erfahrungen und Verletzungen stehen dahinter, dass Sie sich darüber ärgern?" Das ist dann die Einladung, von sich und von schlimmen Erfahrungen und Enttäuschungen zu erzählen. Und das bietet dann die Überleitung, aus bitteren eigenen Erfahrungen auf das Gegenüber zuzugehen und sein Vertrauen zu gewinnen. Es ist dann dieselbe Ebene oder, wie es heute moderner heißt: ‚Augenhöhe'.

Sorgen, Ängste, gescheiterte Erwartungen und enttäuschte Hoffnungen: Gottes Zusage gilt auch hinaus über die Grundsorgen um Nahrung und Kleidung, die in unserem Text konkret angesprochen werden.

Ich bin sicher, dass unser himmlischer Vater weiß, wie sehr Menschen leiden unter diesen Ängsten, Sorgen und Verletzungen, die sie oft wie ein Netz gefangen halten – ein Netz, das manchmal so unerträglich eng erscheint, dass dann Selbstmord als einziger Ausweg gesehen wird. Und er weiß, wie sehr ich dann auf Befreiung hoffe und wie sehr ich dann angewiesen bin auf Befreiung durch Jesus. Jesus, der mir, der uns allen einmal zugesagt hat: „Ich bin gekommen, dass sie das Leben und volle Genüge haben sollen." Im Vertrauen darauf können wir unseren Predigttext auch verstehen als Zusage eben einer solchen Befreiung. Einer Befreiung von dem, was uns bedrückt und was unser Leben im Blick auf den morgigen Tag unter Umständen gelegentlich oder auch häufiger trost- und hoffnungslos erscheinen lassen mag.

Unter der Berufung auf diese Zusage Jesu können dann auch die Verse "Euer himmlischer Vater weiß, dass ihr dies alles benötigt. Trachtet am ersten nach dem Reich Gottes und nach seiner Gerechtigkeit, so wird euch das alles zufallen" verstanden werden als Zusage eines solchen Befreitwerdens, Befreit werden von Sorgen, die uns quälen und die uns die Luft zum Atmen nehmen können. Als wirklich ‚frohe Botschaft' und als solche verbunden mit anderen Stellen des Neuen und des Alten Testaments. Diese Zusage hat dann in der Handlungsanweisung des Verses 34 „Darum sorget nicht für morgen, denn der morgige Tag wird für das Seine sorgen" ihre Entsprechung:

‚Bleibt nicht gefangen und kreist in euren Gedanken nicht um die Sorgen, Ängste und Nöten von heute oder morgen – tragt sie nicht vor euch her und lasst sie nicht die vor euch liegenden Tage bestimmen. Tragt sie im Gebet vor euren himmlischen Vater und sprecht sie vor ihm aus!'

Wir wissen um die heilende und befreiende Kraft des Aussprechenkönnens von Sorgen, Ängsten und auch Schuld, die in der einen oder anderen Art damit verbunden sein kann. Und so wie eine solche Kraft schon im Gespräch unter Menschen wirksam werden kann – wie viel mehr kann sie es im Gebet als Zwiesprache mit Gott als unserem himmlischen Vater!

Für jeden von uns gilt die Aufforderung, im Glauben ernst zu nehmen, dass Gott alle unsere Sorgen, Ängste und Gefährdungen ernst nimmt und uns davon frei machen will. Und dieses persönliche Wissen im Glauben, das ist verbunden mit der Aufforderung, dies als frohe Botschaft weiterzusagen. Darin sehe ich eine aktuelle und auch zeitlos gültige Botschaft unseres Textes. Ein Lied, das ich vor sehr langer Zeit einmal in einem englischen Gottesdienst gehört habe, hat dieses Thema aufgegriffen. Es hat mich so berührt, dass ich zwei Verse daraus sinngemäß übersetzt habe:

„Vater, ich lege in Deine Hände alles das, was ich nicht schaffe und woran ich scheitere.

Vater, ich lege in Deine Hände die Erinnerung an die schweren und auch die guten Zeiten, die ich durchgemacht habe.

Vater, ich lege in Deine Hände den Weg, den ich gegangen bin und den, ich eigentlich hätte gehen sollen,
denn ich weiß, dass ich Dir allezeit vertrauen kann.

Vater, ich lege in Deine Hände meine Freunde und meine Familie.
Vater, ich lege in Deine Hände alles das, was mich bedrückt und quält.

Vater, ich lege in Deine Hände die Person, die ich doch so gerne sein möchte, denn ich weiß, dass ich Dir allezeit vertrauen kann."

Das Wissen darum, wer und was er so gerne sein möchte und die Erfahrung, dass er es dann doch nicht schafft und diesen seinen Wunsch nur Gott anvertrauen kann – beides hat der Verfasser dieses Liedes in schlichten Worten vor Gott gebracht und bei ihm abgeladen

Und ich denke, dass er uns damit ein Vorbild gegeben und Mut gemacht hat, es ihm nachzutun.

3.4 Zu welcher Hoffnung berufen?

„Gott gebe euch erleuchtete Augen des Herzens, damit ihr erkennt, zu welcher Hoffnung ihr von ihm berufen seid." Eph 1,18 (rev. Lutherübersetzung 1984)

Mit diesem Text hatte ich zunächst Schwierigkeiten, weil mir ein anderer, viel vertrauterer im Wege stand: „Der Mensch sieht, was vor Augen ist, Gott aber sieht das Herz an." In diesem vertrauten Text beschreibt der erste Teil die Alltagserfahrung, mit der wir immer wieder konfrontiert werden - und der zweite eine Hoffnung, auf die hin wir leben. Und nicht nur wir: Darauf, dass Gott das Herz ansieht, haben Psalmbeter ebenso gehofft wie die Menschen, die zu Jesus kamen - und darauf hofften und hoffen Christen seit fast 2000 Jahren. Und jetzt sollen wir selbst erleuchtete Augen des Herzens bekommen, um etwas zu erkennen, was den Augen in unserm Kopf unzugänglich ist? Verwischt das nicht die Grenze zwischen Schöpfer und Geschöpf, auf die doch im Alten und im Neuen Testament immer wieder hingewiesen wird, wenn Gott selbst und seine Boten klagen, dass die Menschen mit ihren intakten Augen die Zeichen von Gottes Liebe und die Wunder seiner Schöpfung nicht sehen können und nicht sehen wollen?

Unsere Augen sind Wunderwerke der Schöpfung und auch angesichts technischer Triumphe kann sich heute niemand vorstellen, sie so, wie sie sind, nachzubauen. Sicher haben Wissenschaftler Hilfsmittel gebaut, die dorthin sehen lassen, wo unsere Augen nicht hinreichen. Im Fernsehen wurden Bilder von jenem riesigen Teleskop auf einer Umlaufbahn um die Erde gezeigt, das weitreichende Blicke in die Tiefe des Weltalls ermöglicht. Und nicht weniger spektakulär sind jene perfektionierten Mikroskope, die es gestatten, in die Welt des Allerkleinsten vorzudringen und sogar einzelne Atome sichtbar werden zu lassen. Aber alle Grenzen, zu denen wir uns auf diese Weise vortasten, liegen innerhalb der materiellen Welt der Schöpfung Gottes und reichen nicht darüber hinaus.

Gottes Schöpfung aber umfasst mehr als das noch so modernen ‚Seh-Hilfen' zugängliche Universum bis hinab zu der Welt der Atome - und darauf weist unser Text hin mit dem Bild von den ‚erleuchteten Augen des Herzens'. Ein Bild, das uns etwas ahnen lassen soll von der Vollkommenheit des nicht-materiellen Teils der Schöpfung Gottes und seiner Liebe, mit der er nach uns ausgreift, um uns daran teilhaben zu lassen: Vollkommenheit seiner Liebe, die in Jesus Christus unter uns Gestalt angenommen hat. Nur ;erleuchtete Augen des Herzens' können das erkennen, was menschlichen Augen und noch so großartigen Sehverstärkern unzugänglich bleibt und bleiben wird.

,Erleuchtete Augen des Herzens' sind Augen, die uns Gottes Liebe erkennen lassen – die uns damit aber auch einen neuen Blick auftun auf die Menschen, die Gott uns an die Seite gestellt und auf die er uns hingewiesen hat. Denn die Hoffnung, zu der wir berufen sind, hat nun einmal zwei Seiten: die Hoffnung, die Jesus Christus für jeden einzelnen von uns bedeutet und auf die hin Sie und ich leben können – und die Hoffnung, die wir für andere sein und ausstrahlen können, indem wir Gottes Liebe widerspiegeln und so andere etwas davon ahnen oder gar erfahren lassen. Berufen zu einer Hoffnung, die uns selbst trägt und geborgen sein lässt – und die zugleich Hoffnung sein soll für andere, für die wir Licht sein und für die wir Gottes Liebe erfahrbar werden lassen sollen.

Der französische Dichter Antoine de Saint Exupery hat in seinem Kunstmärchen vom ‚Kleinen Prinzen' diesem ‚mit Augen des Herzens sehen können' beredten Ausdruck verliehen. Auf einer großen Wanderung durch eine Traumwelt voller Allegorien und phantastischer Eindrücke wird die Märchengestalt des kleinen Prinzen immer wieder konfrontiert mit den Fragen nach dem Sinn von Leben, von Sein, von Leid und von Tod. Und irgendwo spricht er dann eine Erkenntnis aus, die bei dem steht, was unser Text sagt und die gerade in unserer immer liebloser werdenden Zeit – auch der Dichter Saint Exupery wurde Opfer des 2 Weltkrieges – das Geheimnis der Liebe in Worten annähert: „Man sieht nur mit dem Herzen gut!".

Gott will uns – und das ist der Zuspruch unseres Textes – teilhaben lassen an dieser seiner eigenen Fähigkeit, ins Herz und mit Augen des Herzens zu sehen: zur Hoffnung für uns selbst und zur Hoffnung für andere. Das ist Trost und Herausforderung zugleich – gerade in unserer Zeit verzweifelten Suchens nach einem Sinn für dieses Leben. Eine Zeit, in der immer neue Angebote von Wegen zu einer Selbsterlösung Menschen, die nach ihnen greifen, ausgebrannt, hoffnungslos und oft genug verzweifelt zurücklassen. Hier weist unser Text den schmalen Weg, der zum Leben führt. Und das heißt für uns als Christen, Menschen zu helfen, diesen Weg zu finden.

3.5 „Schuld abladen verboten?"

Matth 11,28-30 (Einheitsübersetzung)

Die gute alte Ansichtskarte hat Konkurrenz bekommen: Karten mit Witzzeichnungen, mehr oder weniger zweideutigen Fotos oder Sprüchen – das allermeiste geschmacklos oder primitiv. Aber gelegentlich doch zum Schmunzeln oder Nachdenken anregend, wenn kleine oder große Probleme wie mit einem Scheinwerfer angeleuchtet werden.

So hat mir eine Karte Spaß gemacht, die ein gerade aus dem Ei schlüpfendes Pinguinküken zeigt, das seine Eltern anplärrt: „Was für ein Auto haben wir? Wo steht der Fernseher? Wann krieg ich einen Computer?" Und geradezu nachdenklich machte mich eine Karte mit einem Wortspiel, das witzig sein sollte, aber doch sehr viel Tiefgang zeigte: Aus dem banalen „Schutt abladen verboten!" wurde durch Auswechseln zweier Buchstaben ein **„Schuld abladen verboten".** Was die Frage provoziert: Wo kann oder darf man eigentlich ‚Schuld' abladen?

Wir Deutschen sind Weltmeister im ‚Entsorgen'. An meinem Wohnort Bonn gibt es für das Entsorgen von Müll nicht weniger als 5 unterschiedliche Behälter in unterschiedlichen Farben: blaue für Papier, gelbe für Plastik und Metalle, schwarze für Restmüll, grüne für Bio- und Küchenabfälle und rote für Elektrik- und Elektronik-Schrott. Nur für ‚Schuld' gibt es weder passende Behälter noch eine besondere Farbe – und dabei ist Schuld doch etwas, das wir alle mit uns herumtragen und gerne loswerden möchten. Und so ist die Frage der Karte gar nicht so witzig, sondern für viele Menschen sehr ernst und quälend. Wer ist eigentlich für die Entsorgung von Schuld zuständig und wo kann sie abgeladen werden?

Müssen wir uns damit solange herumschlagen, bis es eines Tages gar nicht mehr weitergeht und wir uns in die Behandlung eines Psychiaters flüchten müssen, der dann professionell daran geht, unser Seelenleben bloßzulegen und nachzusehen, welche Störungen da möglicherweise schon in Kindheit oder Jugend aufgetreten sind und sich zu Schuldgefühlen verfestigt haben? Tut es vielleicht stattdessen auch einer der Wunderheiler, die in zunehmendem Maße ihre Dienste anbieten? Oder sollte man sich um einen Termin bei einem Pfarrer bemühen in der Hoffnung, dort ‚Schuld abladen' zu können? Wenn er denn Zeit hat und uns nicht auf ein ‚Später' oder Termine in Randzeiten vertrösten muss, weil sein Terminkalender überquillt?

Die grundsätzliche Schwierigkeit liegt darin, dass sich Schuld nicht mit Blick auf die Uhr und unter Zeitdruck abladen lässt. Persönliche Schuld, die uns quält, ist oft schwer freizulegen und noch schwerer auszusprechen. Denn wer Schuld offenlegen und loswerden will, der hat in unserer Konkurrenzgesellschaft das Gefühl, sich damit eine Blöße zu geben, sich damit angreifbar zu machen – und das hat niemand gern! Und jenes „Beichten“, bei dem man einem vertrauten Menschen gegenüber Schuld ausspricht? Zum einen gilt derlei heute oft als altmodisch und geradezu mittelalterlich – und zum anderen: Wer kennt denn noch jemanden, dem er sich so anvertrauen möchte? Der die Geduld und das Verständnis aufbringt, zuzuhören, wenn meine Worte nur zögernd und stockend kommen, wenn ich erst viel Oberflächenschutt wegräumen muss, um zu dem zu kommen, was mich bedrückt und belastet? Was bleibt aber, wenn ich keinen solchen Menschen habe und mich nicht in die Hände von Psychotherapeuten oder anderen ‚Seelendoktoren' begeben möchte, für die ich nur ein Fall von vielen bin, der in genau vorgegebener Zeit behandelt und abgehandelt werden muss?

Im Neuen Testament steht ein Wort, das Jesus denen sagt, die damals Schuld mit sich herumschleppten und die nicht Zeit oder offenes Ohr bei Vertretern des offiziellen Kultus fanden:
„Kommt alle zu mir, die ihr euch plagt und schwere Lasten zu tragen habt. Ich werde euch Ruhe verschaffen. Nehmt mein Joch auf euch und lernt von mir, denn ich bin gütig und von Herzen demütig: so werdet ihr Ruhe finden für eure Seele. Denn mein Joch drückt nicht und meine Last ist leicht." (Matth 11,28-30)

Aber so verlockend diese Einladung auch klingt: tun wir uns nicht sehr schwer damit, sie ernst zu nehmen und anzunehmen?

Da kann der Weg zu Jesus verschüttet sein wie durch Erdrutsche – oder zugewachsen, weil seit vielen Jahren nicht mehr begangen: Gerade in solchen Fällen wird Wegweisung zu Jesus bitter nötig und es braucht jemand, der ‚die Richtung weist'. Da kann das Bild Jesu verzerrt und verfälscht worden sein zu einem Phantom, von dem erzählt wird, dass es ja doch nicht helfen kann: Jesus als vorbildlicher Mensch, dem es nachzueifern gilt oder als Prophet in einer Reihe mit Buddha, Mohammed, dem Dalai Lama, Konfuzius oder wem auch immer. Dass ein solcher Jesus bereit sein soll und sogar darauf wartet, unsere schweren Lasten abzunehmen, kann dann nur unglaubhaft klingen.

Und da gibt es schließlich Christen, die Suchenden den Weg und Zugang zu Jesus schwer machen können: Die gleich von einer engen Pforte und einem langen, beschwerlichen Weg erzählen, den es zu finden und zu gehen gilt – und von vielen Geboten, Bibelstudien und ‚glaubensgemäßem' Lebenswandel als Zugangsvoraussetzungen zu Jesus. Die damit Vorleistungen ansprechen, ohne die es nach ihrer Meinung keinen Zugang zu Jesus gibt.

Aber wer Schuld bei Jesus abladen will, sollte sich nicht irre machen lassen: Seine Einladung ist gewichtiger als alle Hindernisse auf dem Weg zu ihm. Der Glaube, dass er helfen kann und helfen will, gibt Kraft, sie anzugehen, zumal er selbst uns entgegenkommen will. Das Neue Testament gibt ergreifende Beispiele dafür aus Jesu Wirken: Beispiele, die sich den Menschen so tief einprägten, dass sie nicht aufhören konnten, von diesen ihren Erfahrungen mit Jesus zu erzählen. Und es gibt Menschen, die uns auch heute Mut machen, Jesu Einladung anzunehmen. Und wenn er sagt: „Kommt alle zu mir, die ihr mit Schuld beladen seid und daran leidet", so heißt das doch auch, dass er keine Vorbedingungen stellt und keine Vorleistungen von uns erwartet. Er will sicher nicht, dass wir uns durch eigene Anstrengungen erst würdig machen sollen oder müssen, um Zugang zu ihm zu finden.

„Herr Jesus, ich glaube und will ja so gerne glauben, dass Du mir helfen kannst – hilf mir aus meinem Unglauben und meinen Zweifeln, meinen Vorbehalten und meiner Skepsis!" so schreit im Markusevangelium ein Vater, der mit der Bitte um Hilfe für seinen kranken Sohn zu Jesus kommt.

Und das Tröstende bei Jesus ist, dass er dem Suchenden, Schuldbeladenen sogar entgegenkommt. Gerade dann, wenn wir aus eigener Kraft den Weg zu ihm nicht mehr finden und uns nur noch die Hoffnung auf Trost und Hilfe bei ihm aufrecht erhält – dann schickt er häufig ganz unerwartet jemand, der uns anspricht, der uns zuhört und der uns mit einem guten Wort Wegweiser wird. Selten so spektakulär, wie es manchmal bei Großveranstaltungen geschieht oder als Einbruch in das Leben eines Einzelnen geschildert wird –und viel häufiger im unerwarteten Angesprochenwerden oder in Antworten auf unsere Fragen, mit denen wir gar nicht gerechnet haben. So oft ich es selbst erfahren oder davon gehört habe – so könnte ich Ihnen doch kein Rezept dafür geben. Im Gegenteil: ich finde es tröstlich, dass Jesus ganz individuelle Wege findet, denen entgegenzukommen, die ihn suchen, um bei ihm Schuld abzuladen.

Wo der eine im Gebet den Weg zu solcher Entlastung sucht und findet, wird einem anderen dieser Weg etwa in einer Predigt gezeigt, die plötzlich als ‚so ganz auf mich und das, was mich belastet und umtreibt, gemünzt' wahrgenommen wird. Und wiederum anderen im Gespräch mit Unbekannten, denen sie ihr Herz ausschütten und die ihnen dann solchen Weg weisen.

Entscheidend ist die Bereitschaft, sich auf Jesus einzulassen – auf den Jesus, der ganz im Gegensatz zu dem ‚Schuld abladen verboten' der eingangs angesprochenen Karte zu sich einlädt: „Kommt alle zu mir, die ihr euch plagt und schwere Lasten zu tragen habt" und der damit sagt: „Bei mir sind die willkommen, die ihre Schuld abladen wollen!"

3.6 Möchten Sie ,wiedergeboren' werden?

Predigt über Joh 3,3 und Vers 5 (Einheitsübersetzung)

Jesus antwortete ihm: „Amen, amen, ich sage dir: Wenn jemand nicht von neuem geboren wird, kann er das Reich Gottes nicht sehen". (Vers 3)
Jesus antwortete: „Amen, amen, ich sage dir: wenn jemand nicht aus Wasser und Geist geboren wird, kann er nicht in das Reich Gottes kommen." (Vers 5)

„Möchten Sie wiedergeboren werden?" Was wäre Ihre erste Reaktion, wenn Ihnen jemand diese Frage stellen würde? Ein „Lassen Sie mich bloß mit solchen Quatsch in Ruhe!" - wobei Sie dann an Leute denken, die zu einer Sekte gehören und an Haustüren dubiose Schriften vertreiben oder an gelbgewandete und kahlgeschorene buddhistische Mönche? Oder würden Sie je nach Stimmungslage reagieren mit einem mürrischen „Was soll denn das nun schon wieder?" oder mit einem freundlicheren „Interessante Frage, was meinen Sie eigentlich damit?"

Die Frage ist ungewöhnlich, weil sie unsere Vorstellungskraft übersteigt. „Wiedergeboren?" - ein alter Mann fragt Jesus, wie das denn vor sich gehen solle. Soll man wieder ein Baby werden und in den Leib seiner Mutter zurückkehren?

Nach buddhistischen Vorstellungen wird ein Mensch häufig als Tier wiedergeboren und muss alles Böse abbüßen, das er in seinem Leben als Mensch begangen hat - eine Art ,Fegefeuer' also. Nicht gerade schöne Aussichten - und nun kommen auch noch christliche Verkündiger, um etwas von einer ,Wiedergeburt' zu erzählen? Sollen die Mühen, Plagen und Leiden eines einzigen Lebens noch nicht genug gewesen sein?

Die Vorstellung von einer ,Wiedergeburt' kann aber auch ganz anders aussehen: Eine Chance, noch einmal von vorne anzufangen mit allen Erfahrungen unseres Lebens. Ein neues Leben beginnen und alte Fehler vermeiden: das wäre schon etwas!

Wiedergeboren werden mit der Chance, alles zu nutzen, was in uns verkümmert ist, neu zu beginnen mit allen den guten Anlagen, die wir nicht entfalten konnten in unserem Leben - und ohne die Einschränkungen, die wir vielleicht in einem ungeliebten Beruf empfinden. Krankheit, Arbeitslosigkeit,

Rentnerdasein und Verzweiflung hinter uns lassen und in Freiheit wiedergeboren werden – das wäre für mich schon etwa Großartiges!

Auch der alte Mann im Gespräch mit Jesus konnte davon träumen, als Jesus ihn darauf ansprach: Wiedergeboren werden zu einer neuen, lebendigen Hoffnung für ein neu zu gestaltendes Leben!

Und bei einem Wiedergeborenwerden mit Jesus ist kein fauler Zauber dabei – keine Umwandlung in ein Tier oder ein Wesen aus einer jenseitigen Welt, keine Esoterik mit magischen Beschwörungsriten!

Wiedergeboren zu einer lebendigen Hoffnung mit den Symbolen von Wasser und Geist.

Hoffnung hält uns in unserem Leben aufrecht, lässt uns durchhalten, auch wenn wir es schwer haben – und Hoffnung verlieren steht dann dafür, sich selbst aufzugeben. Um es mit einem gängigen Slogan aufzunehmen: ‚Die Hoffnung stirbt zuletzt!' Dabei soll die Hoffnung, von der hier die Rede ist, ‚lebendige Hoffnung' sein: Hoffnung, die uns nie verlässt, auf die wir uns immer verlassen können.

„Wiedergeboren werden aus Wasser und Geist":

‚Wasser' steht symbolisch für das Abwaschen alles dessen, was uns quält und belastet, was unser Leben manchmal unerträglich oder hoffnungslos gemacht hat. Aber Wasser ist auch etwas, das unbedingt zum Leben gehört. Aus dem Bad in Wasser tauchen wir – bildlich gesprochen – auf in ein neues Leben. Und je mehr mir bewusst wird, dass ich mein Leben als Last empfinde, dass ich mit mir selbst und anderen nicht mehr so klarkomme, wie ich es möchte oder sollte, umso mehr wird mir auch klar, dass ich es nicht aus eigener Kraft schaffe, da herauszukommen. Da bin ich dann auf Hilfe angewiesen, da möchte ich mein Leben jemand anvertrauen, der diese Wende, dieses ‚Wiedergeborenwerden' für mich Wirklichkeit werden lässt: Jesus Christus. Und Geist steht dann für seine Kraft, die in meinem Leben Raum gewinnen will, die die Führung übernehmen will und soll. Wiedergeboren aus dem Zusammenwirken von ‚Wasser des Lebens' und ‚Kraft des Geistes': Aber wie kann ich da wiedergeboren werden?

Es gibt drei Zugänge, die sich ergänzen, die zusammenwirken, um uns auf den Weg zu bringen zu solchem ‚Wiedergeboren werden in der Kraft des Geistes'

– die Bitte an Jesus, uns mit der Anleitung und Kraft des Heiligen Geistes zu helfen, hineinzufinden in ein neues Leben

– das Hervorholen der Bibel und sich die Zeit und den Mut nehmen, in ihr zu lesen und auch dabei auf die Kraft des Heiligen Geistes vertrauen, dass er uns das richtige Verstehen schenkt

– das Gespräch mit Menschen, die uns dabei helfen, weil sie uns von eigenen Erfahrungen berichten können.

Gott, den wir als Vater anreden und an dessen liebevolle Fürsorge wir glauben dürfen – und Jesus Christus, der uns Bruder geworden ist: Sie sind Adressaten für die Bitte, wiedergeboren zu werden ‚aus Wasser und Geist'.

Wenn ich diese Bitte immer wieder vorbringe – oft aus unterschiedlichen Situationen heraus – dann darf ich auch eine Antwort erwarten. Nicht sofort – das kann schon dauern! – und auch nicht so unpersönlich wie aus einem Anrufbeantworter. Sondern durch einen Menschen, der dann als Bote wirkt: der in einem Gespräch – und oft aus einer ganz anders begonnenen Situation heraus – etwas sagt oder ein Beispiel gibt, an dem ich mich aufrichten kann, weil es mich persönlich trifft. Weil etwa eine Schilderung bei mir ‚Klick' macht: „Das ist ja genau das, was mich bewegt, was mich immer wieder quält oder beunruhigt!" Worte des Zuspruchs, die mir helfen, einen ersten Schritt zu gehen auf diesem Weg zu einem ‚Wiedergeborenwerden'. Ich sage dies, weil ich selbst, solches ‚Angesprochensein' erfahren habe. Und weil ich an Gelegenheiten denke, bei denen ich für andere ein solcher ‚Bote' sein konnte. Bote in Gesprächen, die ganz unverbindlich begannen – und die dann mit einem Mal in eine solche Tiefendimension gingen.

Und wenn ein solches ‚Wiedergeborenwerden' zu einem neuen Leben, zu einem Leben mit Jesus, ein solch brennender Wunsch ist, dann kann jeder Tag der erste sein auf diesem Weg – auch der heutige. Und dann ist es spannend, nach solchen Boten Ausschau zu halten. Oder aber selbst in die Funktion eines solchen Boten versetzt zu werden – ganz unerwartet. Auch das kann sehr spannend sein – und in mir selbst ungeahnte Kräfte wecken.

3.7 Vorbereitung auf das Abschiednehmen

Predigt zum Ewigkeitssonntag

2. Kor 4,16-5,9 (rev. Lutherübersetzung 1984 / Übersetzung „Hoffnung für alle")

Darum werden wir nicht müde; sondern wenn auch unser äußerer Mensch verfällt, so wird doch der innere von Tag zu Tag erneuert. Denn unsere Trübsal, die zeitlich und leicht ist, schafft eine ewige und über alle Maßen gewichtige Herrlichkeit, uns, die wir nicht sehen auf das Sichtbare, sondern auf das Unsichtbare. Denn was sichtbar ist, das ist zeitlich; was aber unsichtbar ist, das ist ewig.
Denn wir wissen: wenn unser irdisches Haus, diese Hütte abgebrochen wird, so haben wir einen Bau, von Gott erbaut, ein Haus, nicht mit Händen gemacht, das ewig ist im Himmel. Denn darum seufzen wir auch und sehnen uns danach, dass wir mit unserer Behausung, die vom Himmel ist, überkleidet werden, weil wir dann bekleidet und nicht nackt befunden werden. Denn solange wir in dieser Hütte sind, seufzen wir und sind beschwert, weil wir lieber nicht entkleidet, sondern überkleidet werden wollen, damit das Sterbliche verschlungen werde vom Leben. Der uns aber dazu bereitet hat, das ist Gott, der uns als Unterpfand den Geist gegeben hat.

So sind wir denn allezeit getrost und wissen: solange wir im Leibe wohnen, weilen wir fern von dem Herrn; denn wir wandeln im Glauben und nicht im Schauen. Wir sind aber getrost und haben vielmehr Lust, den Leib zu verlassen und daheim zu sein bei dem Herrn. Darum setzen wir auch unsere Ehre darein, ob wir daheim sind oder in der Fremde, dass wir ihm wohl gefallen. (rev. Lutherübersetzung 1984)

Der Text aus dem 2. Korinther-Brief bringt Bilder, die fremd anmuten und in die man sich erst hineindenken muss, um hinter ihren Sinn zu kommen. Aber in diesen Bildern verbirgt sich eine Anfrage, die für Christen heute genauso aktuell ist, wie zur Zeit des Paulus – und dies gerade am sogenannten ‚Ewigkeitssonntag': Wie ist es eigentlich mit dem Sterben, dem Übergang von dieser Welt in jene andere, in der Jesus den an ihn Glaubenden Wohnungen zu schaffen versprach?

Für Paulus hat diese Frage eine besondere Brisanz deshalb, weil er selbst aus der festen Überzeugung lebt und predigt, dass Jesus noch zu seinen Lebzeiten

wiederkommen wird – er rechnet damit, dass es eine Art Transformationsprozess geben wird, ja geben muss, durch den die Lebenden umgewandelt werden für ein Leben im Reiche Gottes.
Im 1. Brief an die Korinther steht im Anschluss an sein berühmtes Kapitel unter der Überschrift ‚Zeugnis von der Auferstehung Christi' der Satz:

„Wir werden nicht alle entschlafen, wir werden aber alle verwandelt werden; und das plötzlich, in einem Augenblick. Denn dies Verwesliche muss anziehen die Unverweslichkeit, und das Sterbliche muss anziehen die Unsterblichkeit!"

So überzeugend dies für die Leser in Korinth auch geklungen haben mag: Sie erleben doch immer wieder, dass Christen in ihrer Gemeinde krank und alt werden und sterben. Und so wird die Frage immer drängender: Wie verhält es sich denn mit dem Sterben? Wie ist das Leben in dieser leidgeprägten Welt zu werten im Vergleich mit dem, das uns versprochen ist und auf das wir warten? Worauf dürfen Christen im Sterben hoffen?

Paulus gibt die Antwort in unserem Predigttext. Um uns das, was er sagen will, etwas näher zu bringen, lese ich denselben Text noch einmal in der modernen Übersetzung „Hoffnung für alle“:

Darum geben wir auch nicht auf. Freilich gehen diese Strapazen nicht spurlos an mir vorüber. Wenn auch meine körperlichen Kräfte nachlassen, wird doch das Leben, das Gott mir schenkt, von Tag zu Tag erneuert. Was wir jetzt leiden müssen, dauert nicht lange und ist leicht zu ertragen, wenn wir bedenken, welch unendliche, unvorstellbare Herrlichkeit uns erwartet. Deshalb lassen wir uns von dem, was uns zur Zeit so sichtbar bedrängt, nicht ablenken, sondern wir richten unseren Blick auf Gottes neue Welt, auch wenn sie noch unsichtbar ist. Denn das Sichtbare vergeht, doch das Unsichtbare bleibt ewig.

Das wissen wir: Wenn unser Leib einmal zerfallen wird wie eine baufällige Hütte, werden wir einen neuen Leib erhalten, ein festes Haus, das nicht von Menschen errichtet ist. Gott hält es im Himmel für uns bereit, ein Haus, das ewig bleibt. Voll Verlangen sehnen wir uns danach, den neuen Leib anzuziehen wie ein Kleid, ohne dass wir vorher sterben müssen. Solange wir in unserem natürlichen Leib leben, fürchten wir uns vor dem Tod. Es wäre uns lieber, wir brauchten nicht zu sterben, sondern könnten einfach in das neue Leben überwechseln, damit alles Vergängliche vom Leben überwunden wird. Darauf hat uns Gott vorbereitet, indem er uns als sicheres Pfand dafür schon jetzt den

Heiligen Geist gab. Deshalb sind wir jederzeit zuversichtlich, auch wenn wir Gott in unserem irdischen Leib noch nicht unmittelbar nahe sein können. Aber wir rechnen fest damit und würden am liebsten diesen Leib verlassen, um endlich ganz beim Herrn zu sein.

Zwei Gedanken aus dieser Fassung, deren Bilder und Formulierungen mir näher stehen als die der revidierten Lutherfassung:

„In unserem irdischen Leib leben wir wie im Exil. Und wünschen uns, aus diesem Exil in unsere Heimat beim Herrn wandern und dort wohnen zu dürfen“ und „... wir stöhnen immer wieder unter der Last der Angst, dass wir den alten Leib nur werden ausziehen, aber keinen neuen werden anziehen dürfen ..." diese Sätze artikulieren Gedanken, die auch und gerade bei Christen gegenwärtig sind, wenn von Sterben und Tod die Rede ist:

Im Exil leben, fern der oft sehr schmerzlich vermissten Heimat – das war Schicksal vieler Menschen im vergangenen Jahrhundert und ist es auch heute. Wir haben seit 15 Jahren Freunde aus dem Iran, die dieses Los getroffen hat. Sie kamen als Flüchtlinge nach Deutschland und haben sich mit eisernem Fleiß eine Existenz geschaffen, in der sie heute anderen Menschen helfen können – aber auch in einem bescheidenen Wohlstand, in dem sie jetzt leben, bleibt das Bild der unzugänglichen Heimat und der Traum von einer Rückkehr dorthin weiter in ihren Herzen. Deshalb ist das Bild, dass sich Christen freuen können, aus diesem Exil überzuwechseln in eine andere Welt, ‚wo Wohnungen für uns bereitet sind' und wo wir unsere Heimat finden, ein zu Herzen gehendes Bild.

Aber es bleibt der Übergang des Sterbens, den Paulus anspricht: „Wir stöhnen immer wieder unter der Last der Angst, dass wir den alten Leib nur werden ausziehen, aber keinen neuen werden anziehen dürfen.“

Auch wenn das Bild, das Paulus hier verwendet – dass es einen Zustand der Seele geben kann, in dem sie sozusagen ‚nackt' dasteht und ihr das Anziehen eines neuen Leibes versagt bleibt – aus dem Gedankengut seiner Zeit stammt und deshalb für uns erklärungsbedürftig ist: Auch Paulus weiß um die Angst vor dem Sterben. Eine Angst, die ganz besonders da brennend wird, wo der Glaube an eine Rückkehr in die Heimat bei Jesus schwach ist, wo Zweifel und Skepsis an diesem Glauben nagen. Sehen wir heute nicht viel mehr auf das, was vor Augen ist und haben wir nicht alle Schwierigkeiten und Scheu, darüber nachzudenken, zu fragen und Gedanken daran auszusprechen, wie jemand, fertig wird mit diesem ‚Ausziehen des alten ‚irdischen Kleides'? Ganz besonders, wenn es um Menschen geht, die uns nahe stehen, um Familienangehörige oder nahe Freunde? Wir fragen viel selbstverständlicher, ob es durch Einsatz aller Mittel der modernen Medizin möglich ist, Sterben noch hinauszuschieben, zu verzögern oder wenigstens unvermeidliche Schmerzen zu dämpfen, zu lindern – aber verdeckt solches Fragen nicht auch unsere Hilflosigkeit angesichts des Abschiednehmenmüssens und unsere Hilflosigkeit, überhaupt zu denken an diese Freude der Heimkehr, die Paulus so wichtig ist – geschweige denn etwas davon spürbar werden zu lassen? Es wurde auch unter sehr engagierten Christen als große Sensation gesehen, als die Beisetzung einer Frau und Mutter in einer Familie eher als Freuden- denn als Trauerfeier begangen wurde. Ihre Angehörigen waren davon überzeugt: Sie war heimgekehrt zu ihrem Heiland Jesus Christus, von dem sie schon erwartet wurde.

Bei einer Beerdigung – und ich habe in diesem Jahr an 4 offenen Gräbern mir sehr nahestehenden Menschen gestanden – wird in aller Regel nur darüber gesprochen, ob der von uns Genommene lange gelitten hat, Schmerzen gehabt oder friedlich eingeschlafen ist. Die Fragen hingegen, die Paulus anspricht, an die mögen wir in der Öffentlichkeit nicht heran: aus einem Gefühl heraus, dass es unschicklich ist, darüber zu sprechen oder aus Angst, anderen damit zu nahe zu treten?

„Lehre uns bedenken, dass wir sterben müssen, auf dass wir klug werden" – dieses Wort aus Psalm 90, Vers 12, habe ich unzählige Male bei Trauergottesdiensten und bei Gottesdiensten am Ende des Kirchenjahres gehört. Ein gutes und wichtiges Wort – und wie wirksam es werden kann, habe ich selbst erlebt bei drei Freunden, die im vergangenen Jahr sehr nahe an der Grenze des Sterbens waren und von dieser Grenze zurückkommen durften.

Aber besteht nicht die Gefahr, dass der Gedanke an die Freude der im Exil lebenden Christen, in die versprochene, wartende Heimat zu kommen, überschattet oder gar in den Hintergrund gedrückt wird, wenn mit dem ‚klug werden' sehr nachdrücklich daran erinnert wird, ‚seine Sachen für die Abrechnung vor Gott in Ordnung zu bringen'?

Unmittelbar im Anschluss an unseren Text steht der Vers:
„Denn wir müssen alle offenbar werden vor dem Richterstuhl Christi, damit jeder seinen Lohn empfange für das, was er getan hat bei Lebzeiten, es sei gut oder böse."

Liegt in uns beim Gedanken an das Sterben müssen das Gefühl der Angst, für das Versagen in unserem Leben zur Rechenschaft gezogen zu werden, im Widerstreit mit dem Gefühl der Freude, heimzukommen zu Jesus Christus? Es liegt nicht ferne, solches Neben- oder gar Gegeneinander aus unserem Text abzuleiten.

Paulus kann sich in dem Wissen, von Gott angenommen zu sein, für sich selbst ganz auf die Freude konzentrieren. Was aber bleibt uns, die wir nicht Paulus sind, nicht vergleichbaren Glauben und vergleichbaren Einsatz für Gott vorweisen können? Was bleibt uns, die wir keine Heiligen oder zumindest nach unserem Tode „selig" zu sprechende sind?

Uns bleibt – und davon bin ich überzeugt! – nur das Vertrauen auf die Liebe Jesu, wie er sie in seiner Hingabe für uns gezeigt hat, als Brücke, um über solche quälenden Fragen hinwegzukommen. Das Vertrauen in seine Zusage *„Wer mein Wort hört und glaubt dem, der mich gesandt hat, der hat das ewige Leben und kommt nicht in das Gericht, sondern er ist vom Tode zum Leben hindurchgedrungen." (Joh 5,24)* steht dann auch über dem „Lehre uns bedenken, dass wir sterben müssen ..." und ist Grund für die freudige Erwartung, dass wir aus dem Exil heimkommen dürfen in die Heimat der Welt Gottes – gleichgültig, wie gut oder weniger gut es uns in diesem Exil ergangen ist. Und wenn wir diesen Glauben haben und weitergeben wollen, dann sollte dieses Bedenken zum Klugwerden nicht mehr nur etwas sein, womit wir uns im stillen Kämmerlein oder in schlafloser Nacht beschäftigen, sondern dann sollten wir auch zu anderen davon sprechen können. Auch entgegen der verbreiteten Meinung in unserem Lande, die es geradezu als unschicklich erscheinen lässt, von Sterben und vom Tod zu sprechen.

Wir füllen den Sinn des Ewigkeitssonntags mit Leben, wenn wir uns beiden Gedanken zuwenden: dem des Exils, aus dem wir heimkommen dürfen in die Ewigkeit Gottes – und dem der Liebe Jesu zu uns, mit der er für uns eingetreten ist und eintritt und die stärker ist als die Angst vor dem

Ausziehen des alten Leibes oder dem Abbrechen dieses Zeltes hier, wie unser Text bildhaft das Sterben umschreibt.

Der Ernst des Abschied nehmen Müssens wird dadurch nicht aufgehoben und die Trauer um den Verlust uns nahestehender, lieber Menschen bleibt – beide werden aber sozusagen in einen anderen Rahmen gestellt. Weder gehen wir in die Auflösung eines ‚Nichts', wie es heute von Atheisten aller Spielarten gerne verkündet wird – noch in einen Paradiesgarten, wie er im Mittelalter in christlichen Kirchen und heute im Islam in glühenden Farben ausgemalt wird. Wir gehen in die Obhut Jesu Christi, der uns versprochen hat, Wohnungen für uns zu bereiten, in die wir heimkommen sollen. Dem dürfen wir getrost entgegensehen, ohne uns über Einzelheiten die Köpfe zerbrechen zu müssen. Denn solche Einzelheiten stehen immer für Wunschvorstellungen der Zeit, in der sie formuliert werden: die unterschiedlichen Vorstellungen christlicher Kirchen durch 2000 Jahre hindurch bestätigen dies ebenso wie etwa die Vorstellungen, die im Koran ihren Niederschlag gefunden haben. Was aber über alle Zeiten hinweg gültig bleibt, ist die Zusage Jesu.

Dies alles gilt für den einzelnen Christen und seine Zurüstung auf die Begegnung mit Jesus Christus am Ende des Lebens im Exil – oder, wie es früher oft beschrieben wurde, seiner Pilgerschaft auf dieser Erde.

Aber hat ‚Ewigkeitssonntag' nicht auch Bedeutung für die Gemeinde, die sich um Gottes Wort versammelt? Schließlich lebt doch heute – von vielleicht wenigen tragischen Ausnahmen abgesehen – kein Christ für sich allein, sondern in der Gemeinschaft mit Geschwistern im Glauben. Und dieses Zusammenleben beinhaltet dann ganz selbstverständlich Anteilnahme am Leben der Geschwister, an dem, was sie freut, an dem, was sie traurig macht, an dem, woran sie leiden. Anteilnahme daran, wenn einer müde wird, wenn einer krank wird und wenn einer von uns genommen wird und eine Lücke hinterlässt, deren wir uns schmerzhaft bewusst bleiben. Paulus bringt immer wieder das Bild von Gemeinde als Leib mit Gliedern und Organen, die alle aufeinander angewiesen sind und einander brauchen, um als ganzes lebensfähig zu sein – wenn ein Glied oder Organ ausfällt oder krank wird, so leidet der ganze Körper. Jedes Glied einer Gemeinde wird gebraucht, weil jedes einzelne etwas dazu beiträgt, etwas einbringt. Gemeinde lebt erst durch das Mitmachen jedes Einzelnen mit den ihm gegebenen Kräften und

Fähigkeiten. Dabei ist es nicht von Belang, ob solches ‚Mitmachen' nach außen hin unscheinbar und gar nicht besonders wahrnehmbar ist – oder sichtbar und öffentlichkeitswirksam. Alles gehört dazu und macht Gemeinde als ganze glaubwürdig und ausstrahlend: das stille Zeugnis, das Dabeisein im Gespräch, Ausstrahlung und Gesten gelebter und weitergegebener Liebe, der unauffällige und oft kaum mehr wahrgenommene, weil als selbstverständlich angesehene Dienst ebenso wie aufmerksamkeitsweckende Aktionen und Einsatz mit Öffentlichkeitswirksamkeit. Jeder wird gebraucht.

Auch wenn es dem einzelnen selbst gar nicht so bewusst sein mag, so können und dürfen wir jedem sagen: Wir brauchen dich ganz persönlich und deshalb möchten wir dich noch lange und gerne bei uns behalten. Wir brauchen das, was du in unserem Miteinander unter dem Wort Gottes und in unserem Zeugnis für Jesus Christus einbringst, du als einzigartige Persönlichkeit, geformt durch die Erfahrungen und den Lebensweg, die du Gottes guter Führung verdankst. Und in diesem Wissen um die Unentbehrlichkeit jedes einzelnen in unserer Gemeinde erinnern wir uns in diesem letzten Gottesdienst des Kirchenjahres an zwei Menschen aus unserer Gemeinde, die in ihr in besonderer Weise treu gewesen sind und die von uns genommen wurden. Unsere Gemeinde ist durch diesen Verlust ärmer geworden – und uns Zurückgebliebene schmerzt die Erinnerung daran. Wir sind dankbar für die Erfahrungen, die wir mit ihnen gemacht haben, für das Zeugnis der Liebe Gottes, das sie gegeben haben und für ihren Dienst in unserer Gemeinde. Wir wissen: sie sind heimgekehrt aus dem Exil dieses Lebens zu unserem Herrn Jesus Christus – sie sind uns vorausgegangen auf dem Weg, den wir alle gehen werden. Während wir noch weiterwandern durch dieses Leben, haben sie ihre Ruhe gefunden. Wir dürfen noch weiterwandern im Dienst unsres Herrn durch Höhen und Tiefen persönlichen Erlebens und im Miteinander mit denen, die er zu seiner Gemeinde und unsichtbaren Kirche ausgewählt und verbunden hat und immer wieder neu auswählt und verbindet.

Für dieses Weiterwandern und dass wir weiter in seinem Dienst tätig sein dürfen: Darum bitten wir gerade im Übergang vom alten zu einem neuen Kirchenjahr um seinen Beistand, seinen Zuspruch und seinen Segen.

4. Besondere Herausforderungen

4.1 „Erbarmen“ – als Herausforderung bei Terroropfern und in Wahlkämpfen

Das Erbarmen des Menschen gilt nur seinem Nächsten,
das Erbarmen des Herrn allen Menschen.
Jesus Sirach 18,12 (Einheitsübersetzung)

„Erbarmen“ ist heute ein Wort, mit dem immer weniger Menschen etwas verbinden können – und wie viele Worte der Bibel muss es übersetzt werden, um lebendig zu werden: etwa ‚sich der Nöte und Bedürfnisse von Menschen in schwierigen Situationen annehmen' oder ‚Menschen heraushelfen aus verzweifelten, ausweglos erscheinenden Lagen und ihnen neue Möglichkeiten zu zeigen oder zu schenken in der Hoffnungslosigkeit und dem Elend, in dem sie sich befinden. Und mit solcher Aktualisierung sind wir mitten in der weltweiten Politik und in der Endphase vieler Wahlkämpfe.

Denn Wahlkämpfer der regierenden wie der an die Macht drängenden Parteien wetteifern darin, uns klarzumachen, dass sich gerade ihre Partei noch viel mehr der Nöte und Bedürfnisse aller Menschen annehmen will, als es Allvater-Staat und die gesellschaftlichen Institutionen bisher schon getan haben. Wenn man solche Parteiredner näher fragt nach den Menschen, derer sie sich erbarmen möchten, dann kommt zunächst eine Aufzählung derer, deren man sich besonders erbarmen will: der Arbeitslosen und der sozial Benachteiligten, der Hartz-IV-Empfänger, der Rentner und der ‚Opfer des Kapitalismus und der totalen Marktwirtschaft', der ‚Asylanten und Migranten', der ‚Alleinerziehenden', der ‚orientierungslosen Jugendlichen, die in die Kriminalität abzugleiten drohen' und vieler anderer mehr.

Aber wenn man dann fragt, ob es wohl auch Ausnahmen gibt, deren man sich nicht annehmen wolle, dann kommt ebenfalls ein ganzer Katalog zusammen: Terroristen und Kinderschänder etwa, Menschen, die als Rassisten und Neonazis bezeichnet werden, Gegner des Islam, militante Atheisten, die gegen die Christen zu Felde ziehen, Kirchensteuerverweigerer – und dann je nach gesellschaftspolitischer Lage ganz neue Feinde, wie etwa ‚die Steuerflüchtlinge'. Ich sah vor kurzem eine Sendung über Berlin, in die als Geschichtslektion die Unruhen und geradezu Straßenkämpfe des Jahres 1968 eingeblendet waren und ebenso Aufnahmen von dem, was dann folgte – eine Explosion des Hasses, die bis heute tiefe Wunden hinterlassen hat.

Und damit sind wir mitten in der Aktualität unseres Textes:

Es ist eben doch nur ‚der Herr', der sich aller Menschen erbarmt, die zu ihm kommen, um ihm ihr Leid und ihre Ausweglosigkeit, ihr ‚nicht mehr weiter können', ihre ‚Ausgegrenztheit' und ihr ‚gemobbt werden', ihre Heimatlosigkeit und ihre Verzweiflung zu Füßen zu legen. Nur der Herr erbarmt sich ohne Ansehen der Person der Nachfolger jenes Zöllners in Jesu Parabel, der da nur von ferne stehen und stammeln konnte „Herr, sei mir Sünder gnädig ..."

Menschen fällt es offensichtlich schwer oder ist es gar unmöglich, sich zu einem solchen ‚Erbarmen' durchzuringen, weil bei ihnen sehr schnell die Feindbilder übermächtig werden. Und das gilt dann auch für Christen angesichts ermordeter Familienmitglieder und Glaubensgeschwister – die Bilder, die aus Nigeria und aus anderen islamischen Ländern über unsere Fernseh-Bildschirme flimmern, ermutigen nicht dazu, Erbarmen zu haben etwa mit terroristischen Muslimen. Wer kann sie und andere ihres Schlages, die im Dienste ihres Gottes vorzugeben handeln, als ‚Nächste' ansehen und anerkennen? Das wird dann auch für Christen zu einer geradezu unmenschlichen Herausforderung – und es gehört ein sehr fester Glauben und eine besondere Hilfe des Heiligen Geistes dazu, Terroristen zu vergeben und sie damit ‚als Nächste' zu akzeptieren. So, wie es von der Frau eines Missionars berichtet wird, deren Mann in der Türkei von Islamisten ermordet wurde. Eine Ausnahme, der nachzueifern sicher auch für viele Christen, denen in Ländern der islamischen Welt Vergleichbares geschah und geschieht, eher unmöglich sein wird – und das deshalb auch nicht eingefordert werden sollte aus der Sicherheit etwa unseres Landes. Hier in Mördern und Terroristen ‚Nächste' sehen, das kann nur der Herr.

Ich habe dieses außergewöhnliche Geschehen angesprochen, weil es so weit über dem steht, was in den Parteischlachten und Wahlen unseres Landes ‚Alltag' ist. Aber eben auch im Alltag gibt es die Schwierigkeit und zugleich Herausforderung, politische Gegner und dann auch schnell Feinde als ‚Nächste' anzuerkennen. Das gilt erst recht für Politiker, die auf Konfrontation gehen und besonders für solche, die mit dem Feuer des Hasses spielen in der gesellschaftlichen Situation unseres Landes und eben auch bei Wahlen. Politiker, die aus wahltaktischen Erwägungen heraus besondere Zielgruppen ansprechen, um deren Dankbarkeit zu erkaufen und zu instrumentalisieren als Basis für den eigenen Aufstieg zur Macht oder zur Durchsetzung eigener Interessen, während sie Feindschaft gegen andere zum Programm machen.

Gottes Erbarmen gilt allen Menschen – und damit auch denen, deren Ansichten unbequem und ,politisch nicht korrekt' sind, die uns nicht passen und die ,wir' deshalb nicht als ,unsere Nächsten' akzeptieren wollen.

Jesus Christus hat es einmal sehr deutlich gesagt: Der Herr verabscheut ein publikumswirksames ,sich der Öffentlichkeit präsentieren', wenn dahinter nur der Wille zur Macht und das Streben nach eigener Reputation steht. Jesus ist einen anderen Weg gegangen: Er hat immer wieder der Versuchung widerstanden, aus seiner Fähigkeit, ,mit-leiden-zu-können' und seinem Eintreten für alle Menschen, die als Mühselige und Beladene zu ihm kamen und sich ihm anvertrauten, politisches Kapital zu schlagen. Er hätte eine religiös-sozial-politische Massenbewegung schaffen und sich zum Volkstribun ausrufen lassen können. Und er hatte in der Glaubwürdigkeit seines Erbarmens für alle Menschen, in seiner Fähigkeit, Menschen die Liebe Gottes erfahrbar werden zu lassen und in seiner Ausstrahlung sicher die besten Voraussetzungen dafür, in seinem Volk eine soziale, eine nationale, eine gesellschaftliche oder sonst irgendeine Wende durchzusetzen, wie sie uns von Parteirednern unterschiedlicher Couleur in schöner Regelmäßigkeit vor jeder Bundestags- oder Europawahl verheißen wird

Jesus hat auf eine solche Karriere verzichtet, weil jede menschengemachte Wende wieder Parteigänger als begünstigte Mitläufer und Opfer schafft, während das Erbarmen des Herrn allen Menschen gelten soll.

Wen Gott in seinem Erbarmen schließlich akzeptiert und zu sich kommen lässt, das ist sein großes Geheimnis: Wenn ich in den Evangelien nachlese, wie Jesus selbst Menschen seines Volkes als ,Kinder des Teufels' und ähnlich Schlimmes bezeichnete, denen eine Zukunft im Reiche Gottes versagt bleiben sollte, dann kann ich mich nur beugen vor Gottes freier Entscheidung, wem er gnädig sein will. Und deshalb sollten ,politische Gegner' auch in Wahlkämpfen ,Nächste' bleiben – auch wenn das immer wieder schwer fallen mag. Jesus wird sich darüber freuen.

4.2 Umweltzerstörung auf Befehl Gottes – wie gehe ich mit so etwas um?

Predigt über 2. Könige 3,15b-19 und 24-25 (rev. Lutherübersetzung 1984)

Viele Christen haben Schwierigkeiten mit Texten des Alten Testaments, die über Gräueltaten im direkten Auftrag Gottes berichten – bis hin zum Völkermord an Frauen und Kindern. Andere Texte wiederum werden gerade von Predigern, die sich als ‚bibeltreu' bezeichnen, zu Messlatten gemacht für einen rechten Glauben – wie etwa die Sintflutgeschichte oder die Erzvätergeschichten. Die erste Art von Texten ist deshalb besonders schlimm, weil sie von Gegnern des christlichen Glaubens als Angriffswaffe benutzt werden. „Wie können Sie als Christ so etwas glauben? Was ist das denn für ein Gott, den Sie da anbeten?" – so kommen dann aggressive Fragen, und Christen tun sich oft schwer damit, angemessen darauf zu antworten. Naheliegend sind dann zwei Arten von Antworten. Da sagen die einen: „Alle diese Geschichten interessieren mich herzlich wenig – das ist Geschichte des Volkes Israel. Ich lese das Alte Testament nur im Hinblick darauf, was es über das Kommen Jesu sagt – und dann noch die Psalmen – aber alles andere berührt meinen Glauben nur sehr wenig oder überhaupt nicht." Und dann gibt es eine entgegengesetzte Sicht, wonach auch das Alte Testament als inspiriertes Wort Gottes Wort für Wort wahr ist und ernst genommen werden muss. Beide Antworten befriedigen nicht – und deshalb liegen dazwischen vielerlei Erklärungsversuche über Herkunft und Bedeutung solcher Texte im Alten Testament und warum man sie stehenlassen sollte.

Ich habe einen Text herausgegriffen, der gerade in unserer heutigen Situation einer Fixierung auf Umweltfragen und auf Schreckensszenarien einer ‚menschengemachten Klimakatastrophe' besonders provokativ wirkt. Ich möchte ihn hinterfragen darauf, wie ich mit ihm umgehen kann. Beispielhaft dafür, wie man antworten kann, wenn man mit derartigen Texten konfrontiert wird – sei es im Gespräch, sei es in ernsthaften Auseinandersetzungen.

Die Geschichte, um die es hier geht, handelt von einem der zahlreichen Kriege, die die beiden Staaten Israel und Juda führen – in diesem Fall zusammen mit dem Staat Edom gegen die Moabiter. Der Feldzug verläuft denkbar unglücklich – und vor der drohenden Niederlage wenden sich die Könige von Israel und Juda an den Propheten Elischa mit der verzweifelten Bitte, ihnen Gottes Plan und Gottes Weisungen zu offenbaren. Elischa ist über diese Bitte nicht glücklich, erfüllt sie aber schließlich doch.

„Und als der Spielmann auf den Saiten spielte, kam die Hand des Herrn auf Elischa, und er sprach: So spricht der Herr: „Macht hier und da Gruben in diesem Tal. Denn so spricht der Herr: Ihr werdet weder Wind noch Regen sehen; dennoch soll das Tal voll Wasser werden, dass ihr und euer Heer und euer Vieh trinken könnt. Und das ist noch ein Geringes vor dem Herrn; er wird auch die Moabiter in eure Hände geben, so dass ihr wüste machen werdet alle festen Städte und alle auserwählten Städte und fällen alle guten Bäume und verstopfen alle Wasserbrunnen und alle guten Äcker mit Steinen verderben." Und als Gott den Truppen der Dreierallianz den Sieg gibt, da heißt es: „Aber Israel jagte ihnen nach und schlug Moab. Die Städte zerstörten sie, und jeder warf einen Stein auf alle guten Äcker, und sie machten sie voll davon und verstopften alle Wasserbrunnen und fällten alle guten Bäume ..."

Dieses Handeln im Auftrage Gottes, das ist ‚Kriegführung der verbrannten Erde': Die kriegführenden Parteien begnügen sich nicht damit, das feindliche Heer zu schlagen, sondern sie vernichten systematisch die Lebensgrundlagen der feindlichen Bevölkerung. Und wenn man das ganze Kapitel im Zusammenhang liest, dann kann man sich nur wundern, aus welch nichtigem Anlass hier ein Krieg vom Zaun gebrochen wird und nun ‚im Auftrage Gottes' Umwelt kaputtgemacht wird. Was kann ich, was können Sie antworten, wenn sich Umweltschützer gleich welcher Herkunft angesichts dieses Textes empören über das, was Gott hier befiehlt? Und wenn diese Umweltschützer dann sehr aggressiv fragen: „Sind es nicht gerade die christlichen Kirchen, die so viel von Bewahrung der Schöpfung, von Schutz der Umwelt und von Schutz des Lebens reden? Müssen sich diese Kirchen nicht – wenn sie denn glaubwürdig bleiben wollen – sehr entschieden distanzieren von solchen Weisungen Gottes?"

Und damit sind wir bei einem kritischen Punkt angelangt – bei der Forderung, dass Christen sich distanzieren von jenen Texten des Alten Testaments, die unseren heutigen Vorstellungen und Werten nicht mehr entsprechen. Aber wenn sich die einen darauf einlassen, dann protestieren andere, die sich als ‚bibeltreu' bezeichnen: „Aber Jesus hat doch selbst gesagt: Bis Himmel und Erde vergehen, wird nicht vergehen der kleinste Buchstabe noch ein Tüpfelchen vom Gesetz, bis es alles geschieht." – und deshalb dürfen Christen unter keinen Umständen Texte des Alten Testamentes für nicht mehr zutreffend erklären! So verstanden heißt das für unsern Text: Auch diese Umweltzerstörung ist Gottes Wille und als solcher ernst zu nehmen! Aus dem Gegeneinander solcher Forderungen erwächst dann ein Konflikt, der mich zwingt, persönlich Stellung zu beziehen zu meinem Verhältnis zum Alten Testament und zu vielen seiner Texte.

Aber das tue ich nicht im Sinne jener ‚Bibeltreuen', die da behaupten: ‚Wo Mose draufsteht, das hat auch Mose geschrieben oder zumindest Wort für Wort diktiert – und das gilt ebenso für alle anderen Bücher des Alten Testaments, die einem bestimmten Verfasser zugeordnet werden!' Im Gegensatz zu solchen Auffassungen verweise ich dann auf das, was heute unter Theologen Konsens ist über die Entstehung des Alten Testaments – und ich kann hier auf eine andere Weise das Wirken Gottes sehen.

Zwischen 630 v. Chr. und etwa 400 v. Chr. setzten sich die Gelehrten des jüdischen Volkes zusammen und konzipierten das, was wir heute als ‚Altes Testament' kennen. Über die Begleitumstände weiß man wenig – hier sind immer noch Historiker am Werk. Die dann darüber streiten inwieweit etwa ältere schriftliche Unterlagen benutzt wurden und was für mündliche Überlieferungen dabei eine Rolle spielten. Und Theologen streiten darüber, wieviel dabei an Einflüssen aus anderen Religionen eingearbeitet wurde. Worum es den Gelehrten bei dieser schriftlichen Fixierung des Glaubens an den Gott Israels ging in einer Zeit, als das Volk Israel auf einem Tiefpunkt seiner Geschichte angelangt war, das ist klar: Angesichts der Konfrontation mit einer technisch-wissenschaftlich weit überlegenen Zivilisation und angesichts von sehr viel Resignation und Bereitschaft, sich dem Götterglauben der Sieger anzupassen, war es überlebensnotwendig, die Geschichte der Erwählung des Volkes Israel durch seinen Gott aufzuzeichnen und so das Volk geschichtsbewusst zu machen, es aufzurichten und auf eine Zukunft unter der Führung seines Gottes hin zu ermutigen. Von dem Anfang einer Beschreibung der Schöpfung als das Werk eines einzigen, allmächtigen Gottes und eben nicht als das Produkt mehrerer miteinander konkurrierender Götter und damit einzigartig entgegen anderen Vorstellungen, die zu dieser Zeit im vorderen Orient kursierten. Und von dieser Schöpfungsgeschichte ausgehend wurde dann die uns so wohlbekannte Heils- und Erwählungsgeschichte formuliert. Sie wurde ausgerichtet hin auf das Wirken und das persönliche Eingreifen des ‚Gottes Israels' als Herr der Geschichte und zugunsten seines Volkes.

Wenn ich unter den vorgenannten Aspekten an die von Gräueltaten berichtenden Texte herangehe, dann zeigen sie ein immer wieder ähnliches

Muster: Gott schafft den Menschen seines Wohlgefallens und seinem auserwählten Volk Lebensraum und Lebensmöglichkeiten. Und in seiner Güte hat Gott diesen Lebensraum mit verschwenderischer Fülle ausstattet - als Paradies, als verheißenes Land, in dem Milch und Honig fließt, als Land, in dem freie Bauern ihr Eigentum bewirtschaften und die Früchte ihrer Arbeit genießen. Dafür werden den Feinden des von Gott erwählten Volkes die Lebensmöglichkeiten eingeschränkt oder ganz vernichtet: Auf Sodom und Gomorrha regnet Pech und Schwefel und in unserm Text wird das Land der Moabiter unbewohnbar gemacht. Dass solches ,unbewohnbar machen' in heutiger Sicht Umweltverbrechen schlimmster Art ist, das steht auf einem anderen Blatt. Dabei ist das Fällen von fruchttragenden Bäumen - wie im 5. Buch Mose, Kap. 20,19-20 ausführlich erklärt, - für Israel verboten. Aber unser Text zeigt, dass das Alte Testament nicht überall ,widerspruchsfrei' ist - auch ein Argument gegen jene ,Bibeltreuen', die jeden Vers des Alten Testaments zu einer ,das musst du glauben' - Vorschrift erheben möchten ohne dabei an die vielen Textstellen zu denken, die menschliche Ausschweifungen, von Gott angeordnete Gräueltaten, Morde, Ehebruch und Szenen aus Kriegen schildern. Alles das Veranschaulichungen und Schilderungen, mit denen die israelitischen Gelehrten Gottes Führung als Heilsgeschichte für sein Volk dokumentieren wollten.

Und damit bin ich bei meiner Anfangsfrage: ,Wie gehe ich um mit ,schlimmen Texten' des Alten Testaments und wie antworte ich Menschen, die mich mit ihnen konfrontieren? Diese Texte spiegeln das Denken der Menschen zur Zeit ihrer Entstehung wider. Und sie entsprechen - besonders wenn es um naturwissenschaftliche Aussagen geht - den Denk- und Erkenntnismöglichkeiten der Menschen jener Zeit. Was hätten diese Menschen denn damit anfangen können, wenn ihnen etwas über Evolution oder über ökologische Entwicklungen, wie wir sie heute verstehen, erzählt worden wäre? Oder darüber, dass in einer fernen Zukunft Sklaverei und Todesstrafe durch Steinigung, die damals so selbstverständlich waren, als ,nicht vereinbar mit dem Willen Gottes' angesehen werden würden?

Es ist völlig unsinnig, heutige Vorstellungen rückwärts hineinzuprojizieren in die Zeit, in der das Alte Testament niedergeschrieben wurde. Wie unsinnig, das mag nur ein Beispiel zeigen: Im Alten Testament wird die Todesstrafe gefordert für eine ganze Reihe von Vergehen - und zugleich wird die Ausrottung ganzer Völker und der Bewohner ganzer Städte als ,Gottes Wille und Auftrag' deklariert.

So sollen etwa auch die Hethiter – ein uraltes Kulturvolk in Ost-Anatolien – umgebracht werden mitsamt ihren Frauen und Kindern. Für Christen, die sich heute engagieren als entschiedene Gegner der Todesstrafe kann es dann nur peinlich sein, dass ein König der Hethiter schon tausend Jahre vor der Niederschrift der Mordbefehle und Todesstrafen im Alten Testament die Todesstrafe für unzulässig erklärte! Bei Ausgrabungen gefundene Texte zeigen ein viel differenzierteres Bild zur Zeit der Geschichte Israels, als es in den Köpfen ‚bibeltreuer' Theologen gegenwärtig ist – und deshalb ist es nötig, sich gründlich zu informieren, um den Herausforderungen von Gegnern des christlichen Glaubens entgegentreten zu können. So habe ich ein neues Verständnis der Texte des Alten Testaments bekommen. Das Gottesbild des Alten Testaments hat sich weiterentwickelt zu der Vorstellung eines liebenden Vaters, der uns in seinem Sohn Jesus Christus gesucht und der seine Liebe zu uns mit dessen Opfertod besiegelt hat. Und dieser Jesus ist nicht ausschließlich zu dem Volk Israel gekommen, sondern zu allen Menschen, die bereit sind, ihn und seine Botschaft anzunehmen und denen der Glaube an ihn geschenkt wird. Deshalb sollen wir uns auch nicht abschrecken lassen durch Mordgeschichten, durch Anweisungen zu Völkermorden oder – wie in unserm Text – zu Umweltverbrechen. Wir müssen gerade solche Texte so aufarbeiten, dass sie nicht als Waffe gegen Christen gebraucht werden können. Dass sich gegen solches Aufarbeiten und Erklären von unterschiedlichen Seiten her Widerspruch erhebt, das soll uns nicht davon abhalten. Und so kann meine Antwort auf die eingangs angesprochenen Fragen „Wie können Sie als Christ an einen Gott glauben, der Morde an Frauen und Kindern und sonstige Verbrechen befiehlt? Müssen Christen diese Passagen des Alten Testaments als Anweisungen Gottes auch heute noch ernst nehmen?" nur lauten: „Diese archaischen Texte stehen nun einmal da als Zeugnisse einer längst vergangenen Zeit. Aber ich glaube an Gott als an einen liebenden Vater, der für mich und für alle Menschen in Jesus Christus Gestalt angenommen hat, der mich gesucht und gefunden hat und der mich frei macht von Schuld und Angst und von dem, was mit einem alten Wort als ‚Sünde' bezeichnet wird. Es gibt diese Passagen – und ich will Ihnen gerne erklären, was es mit ihnen auf sich hat. Vor allem aber möchte ich Sie einladen, selbst Gott kennenzulernen in der Person Jesu Christi und in dem, was er ihnen geben möchte von seiner Liebe.“ So kann ich mit ‚schlimmen' Texten des Alten Testaments umgehen – und ich lade Sie ein, darüber nachzudenken, wie Sie auf entsprechende Fragen antworten würden.

4.3 Gott kann auch zornig sein!

Predigt über Jeremia 23,23, aus dem Textzusammenhang 23,19-24 (Übersetzung ‚Hoffnung für Alle')

„Der Zorn des Herrn bricht los wie ein Sturm, wie ein Wirbelsturm fegt er über die hinweg, die den Herrn verachten. Er wird sich erst legen, wenn alles ausgeführt ist, was der Herr sich vorgenommen hat. Die Zeit kommt, in der ihr das klar erkennen werdet. Der Herr spricht: „Ich habe diese Propheten nicht gesandt, und doch sind sie losgezogen. Ich habe ihnen keine Botschaft anvertraut, trotzdem haben sie geweissagt. Wenn sie wirklich meine Gedanken kennen würden, dann hätten sie meinem Volk meine Botschaft verkündet, damit es von seinen falschen Wegen umkehrt und aufhört, Böses zu tun. ***Ich, der Herr, sage: Ich bin nicht nur der Gott in eurer Nähe, sondern auch der ferne Gott, über den ihr nicht verfügt.*** *Meint ihr, jemand könnte sich so vor mir verstecken, dass ich ihn nicht mehr sehe? Ich bin es doch, der Himmel und Erde erfüllt, ich, der Herr!"*

Wie passen etwa die folgenden Verse des Psalms 139, der David zugeschrieben wird, und dieser Text zusammen? Das Lob Gottes und der Dank für seine Allgegenwart *„Von allen Seiten umgibst du mich und hältst deine schützende Hand über mir" – „Wie könnte ich mich dir entziehen; wohin könnte ich fliehen, ohne dass du mich siehst?" – „Durchforsche mich, o Gott, und sieh mir ins Herz, prüfe meine Gedanken und Gefühle! Sieh, ob ich in Gefahr bin, dir untreu zu werden, dann hol mich zurück auf den Weg, der zum ewigen Leben führt!"* Dagegen steht dann die Verkündigung des Zornes Gottes durch den Propheten Jeremia „Ich bin auch ein ferner Gott!" – und das heißt doch: Ich kann euch auch allein lassen – und dann seht zu, wie ihr ohne mich auskommt! Um diese Spannung für uns begreifbar zu machen, muss ich zurückgreifen auf die jeweiligen Situationen, in die diese Texte eingebettet sind. In dem Psalm singt ein David von der erfahrenen Liebe, Fürsorge und Allgegenwart Gottes. In der Geschichte Israels gab es durchaus auch Zeiten des Friedens, in denen ein solches Lob- und Danklied leicht von den Lippen eines Beters kommen konnte. Eine besonders gute Ernte, ein Glücksfall für die Familie, eine Zeit guter Beziehung zu einem Nachbarvolk, die Frieden sicherte – es gab und gibt immer wieder vielfältige Gelegenheiten, Gott zu danken und seine Allgegenwart und Fürsorge zu rühmen. Das war so zur Zeit der Entstehung dieses Psalms – und das gilt heute genau so für Christen, die in ihrem Leben Gottes gute Führung am Werk sehen und ihm aus ganzem Herzen danken. Aber: Die Situation zu der Zeit, als das Buch Jeremia entstand, die war eine ganz andere. Im Jerusalem des Königs Zedekia verkündigen willfährige Propheten unter Berufung auf Gott genau das, was der König und das Volk hören möchten. Käufliche Propheten, die es als ihren Job und sicheren Broterwerb ansehen, eine gute und sichere Zukunft zu verkünden entlang der politischen Linien, die den Vorhaben der Mächtigen entsprechen. Propheten, die dann äußerst wütend wurden darüber, dass da ein Jeremia unangenehme und geradezu schreckliche Zukunftsvisionen verkündete als ‚Gottes Wort gegen das Volk im Lande Juda' und damit gegen seine Mächtigen und ihre politischen Planungen. Die große Tragik des Propheten Jeremia liegt darin, dass er diese Zukunftsvisionen im Auftrage Gottes verkünden muss – und dass er deshalb verfolgt und als ‚Vaterlandsverräter' immer wieder mit dem Tode bedroht wird. Die hier genannten Propheten mobilisieren die Gefolgsleute und Offiziere des Königs gegen ihn – und die gingen damals nicht eben zimperlich um mit solchen Vaterlandsverrätern, die sich dann auch noch auf ‚wahre' Weisungen Gottes beriefen. Hierzu haben sich die Verhältnisse und menschliches Verhalten in den 2500 Jahren bis heute nicht geändert – auch wenn es heute formal Prozesse mit von vornherein feststehenden Urteilen wegen ‚Landesverrats' gibt! Die Feststellung Gottes, dass er eben auch ein ferner Gott sein kann, die hat über alle Zeiten ihre Gültigkeit gehabt und gilt heute genau so. Das ‚Wissen im Glauben' um Gottes Allgegenwart und gütige Zuwendung, wie es im Psalm 139 gepriesen wird, das ist die eine und immer gültig bleibende Seite. Aber es gibt eben auch diese andere, die der Prophet Jeremia hier im Auftrage Gottes anspricht. Wenn Menschen glauben, über Gott verfügen zu können und ihn darauf verpflichten wollen, dass er so handelt, wie es für sie opportun ist – dann ist er mit einem Mal ‚der ferne Gott'. Das geschieht, wenn Gott nicht ehrlich um etwas gebeten wird, sondern wenn er angemahnt wird, Erwartungen zu erfüllen. „Gott, Du kannst doch Dein Volk nicht im Stich lassen bei unseren Vorhaben! Du darfst doch die Erwartungen Deiner Gläubigen nicht enttäuschen!" So die Situation in unserem Text, wo die willfährigen Propheten als ‚sicher' verkündigen, dass Gott ihrem König beistehen wird, siegreich gegen Babylon und seine Heere zu bestehen. „Gott muss doch seinem Volk beistehen!" – und auf diese feste Erwartung gründen sie ihre Prophezeiungen. Dass Gott sich keinem „Er muss doch ..." beugt und hier ganz andere Pläne haben kann, das darf nach ihren Vorstellungen einfach nicht sein! Und wenn Jeremia etwas ganz Anderes als Gottes Willen verkündet und sie als unglaubwürdig hinstellt – dann muss er eben aus dem Weg geräumt werden!

Aber Gott macht einfach nicht mit, dass er so festgelegt werden soll in menschliche Erwartungen: Angesichts solcher Vereinnahmungsversuche ist er dann ‚ein ferner Gott'. Solche Versuche, Gott für politische Ziele zu vereinnahmen, die hat es im Laufe der vergangenen 2500 Jahre immer wieder gegeben. Es ist immer ein Unterschied gewesen, ob Menschen oder ein ganzes Volk in Situationen äußerster Bedrängnis zu Gott um Hilfe gefleht haben und sich dann ganz auf ihn verließen – wie es etwa aus den Religionskriegen im Gefolge der Reformation berichtet wird. Aus den Niederlanden etwa ist ein Lied überliefert, das ein solches Gottvertrauen ausstrahlt: „Wir treten zum Beten, vor Gott, den Gerechten" und „er lässt von den Schlechten nicht die Guten knechten – sein Name sei gelobt, er verlässt uns nicht!" Aber immer wieder erwarteten Christen, dass Gott doch verpflichtet sei, ihnen und ihren Vorstellungen zum Siege zu verhelfen. Wenn etwa aus dem 1. Weltkrieg von Kriegspredigten berichtet wird, in denen Gott beschworen wurde, der eigenen Sache zum Siege zu verhelfen, weil das deutsche Volk das doch verdiene, dann demonstrierte das: Menschliche Erwartungen an Gott als Bundesgenossen haben sich über diese 2500 Jahre nicht geändert. Wenn wir etwa nur auf die letzten Jahrzehnte zurückblicken: Die Berufung auf Gott als Bundesgenossen gegen einen gottlosen Bolschewismus, gegen einen christenfeindlichen Islam oder gegen eine ‚Achse des Bösen vom Iran bis Nordkorea' zeigt, wie aktuell solche Erwartungen immer noch waren und sind. Und das geht dann noch weiter: Wenn in unserer Alltagsumwelt manches nicht so abläuft, wie als selbstverständlich erwartet, dann heißt es ganz schnell bis hin in Zeitungsüberschriften: ‚Wie konnte Gott das zulassen?' Diese Frage mit der in ihr enthaltenen Anklage ist immer wieder schnell bei der Hand. Die Gesellschaft mag sich sonst nur noch sehr wenig oder gar nicht um Gott kümmern. Und ihre Meinungsmacher nehmen es immer wieder schweigend hin oder bedenken es sogar mit Beifall, wenn er in der Öffentlichkeit verspottet wird. Aber doch hat diese Gesellschaft bestimmte Erwartungen an ihn. Er soll aufpassen, dass zum Beispiel keine Katastrophen geschehen oder keine Kriege ausbrechen. Und wenn es doch zu Katastrophen wie etwa Erdbeben oder Tsunamis kommt, oder wenn von schrecklichen Unfällen und scheußlichen Verbrechen an Kindern berichtet wird, dann kommen die Schlagzeilen mit der Frage und zugleich Anklage: „Wie konnte Gott das zulassen!" Dasselbe gilt etwa für den Ausbruch von Kriegen, deren es seit dem Ende des 2. Weltkriegs so viele gegeben hat und weiter gibt: „Krieg soll nach Gottes Willen nicht sein!" – so verkündete es die Versammlung des Weltkirchenrates 1948 in Amsterdam. Aber Gott hält sich offenbar nicht an derartige und noch so gut gemeinter Festlegungen. Und so verkünden Kirchenvertreter bei kleineren oder größeren Kriegen stereotyp und als Vorwurf an Gott: „Aber Krieg soll doch nach Gottes Willen nicht sein!"

Es ist sehr eindrucksvoll, wie sich ein anderer Prophet aus der Zeit des Exils in Babylon zu dieser Feststellung von einem ‚fernen Gott' äußert. Im 55. Kapitel des Buches Jesaja lesen wir als eine Aussage Gottes: *„Meine Gedanken sind nicht eure Gedanken und meine Wege sind nicht eure Wege. Denn wie der Himmel die Erde überragt, so sind auch meine Wege viel höher als eure Wege und meine Gedanken als eure Gedanken".* Einmal mehr – wenn auch in anderer Diktion – das Wort von einem fernen Gott, der unserem Zugriff und selbst unserem Denken nicht verfügbar ist und der sich nicht von uns vereinnahmen lässt. Tröstlich wird dann aber die Zusage des Jesaja-Textes, die sich wenige Verse später anschließt: „Mein Wort bleibt nicht ohne Wirkung, sondern erreicht, was ich will, und es führt das aus, was ich ihm aufgetragen habe." Gott behält es sich vor, der ferne Gott zu sein, wenn Menschen ihn für ihre Ziele und Zwecke vereinnahmen wollen. Aber er kann genau so der nahe Gott sein, von dem etwa der 139. Psalm spricht.

Psalm 139 und Jeremia 23,19-24 sind alttestamentliche Texte mit Spannungen, die geschichtlich bedingt sind. Als Christen haben wir erlebt, dass Gott von sich aus diese Spannung aufgelöst und die Brücke zu uns geschlagen hat in der Sendung seines Sohnes Jesus Christus. In ihm will er jedem einzelnen von uns, der an ihn und an seine Liebe zu uns glaubt, ein naher Gott sein. Ein ‚Gott für uns', an den wir uns wenden können mit allem, was uns bedrückt und bedroht – und darin eben kein ‚ferner Gott'. Ein Gott, dessen Sohn uns vor seiner Entrückung in die Gegenwart seines Vaters zuspricht: „Siehe, ich bin bei euch alle Tage bis an der Welt Ende" und der uns den Heiligen Geist als Tröster und Beistand gesandt hat.

5. Finale

Mit Ängsten leben – und doch getrost bleiben

Predigt zu Joh 16,33 (rev. Lutherübersetzung 1984)

Kürzlich war ich dabei, alte Texte zu entsorgen. Dabei stieß ich auf ein Manuskript aus dem Jahre 1992, als ich noch nicht Laienprediger war, sondern regelmäßig für eine christliche Monatszeitschrift schrieb. Als ich diesen Text überflog, da merkte ich, dass die damals von mir gegebene Auslegung weiterhin hochaktuell ist – und deshalb aktualisierte ich sie zu der jetzt folgenden Predigt.

„In der Welt habt ihr Angst – aber seid getrost, ich habe die Welt überwunden." – so Jesus in einer Zuwendung an seine Jünger.

So plausibel und in ihrem Zusammenhang ‚richtig' die drei Teile dieses Textes

– in der Welt habt ihr Angst
– seid getrost
– ich habe die Welt überwunden

auch sind: Zu unseren Erfahrungen und den Realitäten und Anfechtungen, mit denen wir hier und Christen weltweit sich herumschlagen müssen, stehen sie in einem sehr unterschiedlichen Verhältnis.

„In der Welt habt ihr Angst" – das wird von niemand in Frage gestellt.

„Seid getrost" – das ist viel schwerer zu akzeptieren. Angesichts von Angst machenden Realitäten um uns herum, wie etwa plötzlich aufflammenden Ängsten vor Krisen und Kriegen, Ängsten vor Umweltzerstörung und Klimakatastrophen, Ängsten vor Krankheiten wie Krebs oder Demenz lassen auch viele Christen zweifeln an diesem ‚seid getrost'.

Und das „denn ich habe die Welt überwunden"? Kein Christ wird diese Aussage als ‚falsch' ansehen – aber viele werden fragen: „Aber was soll das mir bei den vielen Sachzwängen und bösen Menschen, mit denen ich mich herumschlagen muss?" „Mit dem, was mich bedrückt etwa in meinem Beruf, wo ich mich dem Leistungsdruck immer weniger gewachsen fühle?" und „Wie soll sich das auswirken auf die brennenden Nöte dieser Welt. die mir alltäglich vom Fernsehen ins Haus gebracht werden?"

Und das kann dann kulminieren in einer sehr persönlichen Frage: „Herr Jesus, Du sagst, dass Du die Welt überwunden hast. Kannst Du nun auch mein Nichtglaubenkönnen, mein Scheitern und Versagen, mein Leiden an den Realitäten dieser Welt und meine Schuld überwinden?"

Im Folgenden möchte ich diese Worte Jesu in Bezug setzen zu unseren Erfahrungen und Wirklichkeiten. Dabei werde ich nur die Reihenfolge etwas ändern und auf das ‚in der Welt habt ihr Angst' zunächst das ‚denn ich habe die Welt überwunden' folgen lassen.

„In der Welt habt ihr Angst" – dieser Aussagen werden Christen, Nicht-mehr-Christen und Atheisten uneingeschränkt bis begeistert zustimmen. ‚German Angst' – ‚die deutsche Angst' – ist inzwischen sogar als Fremdwort ins Englische und andere Sprachen übergegangen. Besonders bildhaft hat vor etlichen Jahren der katholische Erzbischof Dyba diesen Sachverhalt kommentiert. Er kehrte ein Wort Bismarcks um, mit dem dieser einmal deutsches Selbstvertrauen demonstrierte. 1888 formulierte Bismarck: „Wir Deutsche fürchten Gott, aber sonst nichts auf der Welt!" Heute, so Dyba, ist die Wirklichkeit genau umgekehrt: „Wir Deutsche fürchten Gott nicht, aber sonst alles in der Welt!"

Und es gilt inzwischen auch unter Christen als Kennzeichen besonderer Realitätsnähe und Eingehen auf ihre Gläubigen, von Ängsten zu sprechen und sie zu verkündigen oder gar noch zu verstärken. Oder Lebensplanungen ganz von ihnen bestimmen zu lassen. Auch ich habe schon mehrfach das Argument gelesen oder gehört: „Lohnt es sich denn überhaupt noch, Kinder in diese Welt zu setzen, in der von der Zukunft doch nur Schlimmes zu erwarten ist?"

Es gibt heute ganze Angstkataloge, die von den Medien und von politischen Parteien – und eben auch von Theologen – immer wieder verstärkt und den Menschen in die Gehirne eingebrannt werden. Kollektive Ängste und persönliche Ängste, von denen ich nur einige aktuelle nennen möchte:

Die Angst vor der Klimakatastrophe, die Angst vor dem Einsatz von Gentechnologie, die Angst vor Atomkatastrophen, die Angst vor dem Islam und seinen Terroristen, die Angst vor Krisen und Kriegsvorbereitungen, die Angst vor Flüchtlingsströmen aus Afrika, die Angst, nicht mehr klar zu kommen mit steigenden Leistungsanforderungen. Und dann kommen die persönlichen Ängste: Die Angst vor Krankheiten, die Angst vor Einsamkeit und Pflegebedürftigkeit, wie sie mit dem Älterwerden verbunden sind. Die Angst, überhaupt noch Bindungen einzugehen, wie etwa Ehen, die ein Leben lang halten sollen. Und Angst davor, Kinder zu haben, wenn es etwa immer schwieriger wird, Beruf und Kinderwunsch miteinander zu verbinden. Angstkataloge, die letztlich auch schon in Kirchen ihren Widerhall finden, wenn einige solcher Ängste immer wieder angesprochen und thematisiert werden. Wenn sie zum Gegenstand werden von Synoden- und Konferenz-Erklärungen. Dabei verschweigen es die Angstmacher sehr bewusst, dass die meisten dieser Ängste instrumentalisiert werden. Durch die Medien übersteigert und instrumentalisiert als Mittel zum Machterhalt von Politikern und Parteien oder um daraus Profit zu machen.

„Zuviel der Ängste – und warum muss man diese Ängste so betonen" mögen Sie jetzt einwenden. Ein sehr verständlicher Einwand – aber werden wir nicht dauernd mit solchen Ängsten konfrontiert und manchmal geradezu von ihnen gejagt?

Ob Jesus bei seinem ‚In der Welt habt ihr Angst' auch schon diese Übersteigerung von Ängsten, solche geradezu ‚Angstkultur' im Blick gehabt hat? Ich kann es mir gut vorstellen. Denn wenn auch fast alle der hier aufgelisteten Ängste in der Umwelt Jesu noch nicht existierten: Damals gab es andere Ängste, die die Menschen quälten – wie etwa die Angst vor Unglücken, vor Krankheiten, wie etwa Aussatz und vor Armut. Und dann die Angst, Gottes Forderungen nicht gerecht zu werden. Nicht umsonst sagt Jesus einmal: „Weh euch Gesetzeslehrer! Ihr legt den Menschen Lasten auf, die sie kaum tragen können, selbst aber rührt ihr keinen Finger!" Die insgesamt 613 Gebote und Verbote, die diese Schriftgelehrten aus dem Alten Testament herauskristallisiert hatten, und die für normale und zumeist leseunkundige Menschen nicht zu überschauen waren – sie waren der zur Zeit Jesu geltende ‚Angstkatalog'.

Zu Jesu Wort „denn ich habe die Welt überwunden" kann ich sehr direkt und vielleicht sogar provozierend fragen: Woran würden Sie denken, wenn Ihnen in einer sehr schwierigen Situation, in Leid oder beim Scheitern von Hoffnungen und Lebensplanungen diese Aussage Jesu entgegengehalten würde? Sieht nicht die alltägliche Wirklichkeit noch genau so aus, wie sie Beter vieler Psalmen schon vor 2500 Jahren beschreiben, wenn sie über den

Triumph der Gottlosen und der Spötter in dieser Welt klagen? Und was soll da dieses ‚denn ich habe die Welt überwunden!' für Ihr und mein alltägliches Leben, für unsere Alltagserfahrungen? Wie weit kann ich selbst dieses Wort Jesu in meinem Leben für Außenstehende sichtbar werden lassen? Bin ich denn nicht eingespannt in ein ganzes Netz von Verpflichtungen und Aufgaben, von Erwartungen, die an mich gestellt werden? Ein Netz, das mich geradezu gefangen hält? Ich habe viel darüber nachgedacht und bin schließlich dazu gekommen, dass diese Frage zu tun hat mit den Maßstäben, die wir an uns selbst anlegen und die andere an uns anlegen. Diese Antwort fand ich bei Paulus, der im 2. Brief an die Korinther schreibt: „In ihrem Unverstand messen sie sich an sich selbst und vergleichen sich mit sich selbst. Wir dagegen wollen uns nicht maßlos rühmen, sondern jenen Maßstab anlegen, den Gott uns zugeteilt hat." (2. Kor 10,12). Und ein solches ‚Leben nach dem Maßstab, den Gott uns zugeteilt hat', das bedeutet dann auch, dass Gott mich und Sie eingesetzt hat und weiter einsetzt nach unseren Fähigkeiten, die er uns geschenkt und mitgegeben hat. Und das gilt dann auch für Fähigkeiten und Möglichkeiten, die wir dank seiner Führung und Fürsorge erworben haben. Daran zu denken, dass es doch Gott war, der uns die Maßstäbe für unser Leben zugeteilt hat – das macht frei von dem ängstlichen Schielen auf Erwartungen, die die Gesellschaft an uns stellt und auch von Zwängen vielfältiger Art, in denen wir uns oft genug gefangen wissen und an denen wir leiden. Wenn ich es sehr überspitzt sagen würde: Gottes Maßstäbe machen frei aus dem Gefängnis, in dem wir uns immer wieder sehen. Und bei solchem Überlegen kann Jesu Wort „denn ich habe die Welt überwunden" befreiende Botschaft und damit Evangelium werden: Jesus überwindet diese Welt, die uns gefangen hält, indem er Bewertungsmaßstäbe, Erwartungen und Belastungen, die wir als unerträglichen Druck empfinden, auf sich nimmt. Und mit seinem neuen Anfang zu Ostern setzt er uns frei in ein Leben, in dem ‚sein Joch leicht' ist, wie er es einmal verspricht.

„... denn ich habe die Welt überwunden" heißt also konkret für Christen in seiner Nachfolge: „Ich habe dein Gefängnis aus Erwartungen, die du nicht erfüllen konntest und aus Geboten und Verpflichtungen, die über deine Kräfte gingen, aus Zwangsvorstellungen und Schuldverstrickungen – kurz aus all dem, was das Neue Testament als ‚Gesetz zum Tode' zusammenfasst – aufgebrochen und dich frei gemacht."

Jetzt fehlt nur noch die Ausdeutung des „aber seid getrost"

Dieses „seid getrost" heißt zweierlei: Seid getröstet und seid zuversichtlich.

„Seid getröstet": Dadurch, dass Jesus uns befreit hat aus unserer Gefängniswelt, dass er sie überwunden hat, hat er auch die Verurteilungen durch uns selbst oder durch andere aufgehoben und uns befreit von der dauernden Qual der Erinnerungen an Versagen und Schuld. Wir dürfen sie hinter uns lassen – auch wenn die Mahnung eines „und sündige hinfort nicht mehr" durchaus ihren guten Sinn beibehält.

„Seid zuversichtlich", weil dieses „denn ich habe die Welt überwunden" nun eben für uns ganz persönlich gilt und jedem, der sich im Glauben darunter stellt, Zukunft in Freiheit verkündet. Dieses Netz, das mich gefangen hielt, das hat seine Gewalt über mich verloren, das kann mich nicht mehr einschnüren und dann auch von Jesus trennen. Er hat die Maßstäbe für unser Leben neu ausgerichtet. Natürlich gibt es weiterhin Maßstäbe für unser Leben und Begrenzungen, innerhalb derer sich jeder von uns bewegt. Aber durch Jesus und seine Zusage hat sich unser Verhältnis zu diesen Maßstäben und zu diesen Begrenzungen grundlegend verändert.

Ich habe das einmal sehr dramatisch selbst erlebt.

Ich war erst ein paar Jahre verheiratet, wir hatten ein altes Haus gekauft und daraus hohe finanzielle Verpflichtungen – und zum ersten Mal nach einigen entbehrungsreichen Jahren waren meine Frau und unser kränkelnder Sohn zu einem Erholungsurlaub nach England gefahren. Ganz plötzlich und ohne Vorwarnung verlor ich meine Stelle an der Universität: Niemand hatte mir sagen wollen, dass mein Zeitvertrag nicht verlängert worden war, und erst bei der Sparkasse erfuhr ich, dass kein Geld mehr auf mein Gehaltskonto eingegangen war. Für mich ein riesiger Schock – und so lag ich die ganze Nacht hindurch wach und gequält von würgender Angst, wie es wohl weitergehen könnte. Und ich sah einfach keinen Ausweg. Ganz früh, gegen 6 Uhr sprang mein Radio an – und was ich als erstes hörte, das war sehr zart gespielt das Lied „Wenn wir in höchsten Nöten sein, und wissen nicht, wie aus noch ein ..." wohl das ganze Lied mit allen seinen Strophen. Für mich war das ein zweiter, aber ein heilender Schock: Da war mitten in meine ausweglose Angst direkt Gottes Zuspruch gekommen und hatte meine Maßstäbe und Begrenzungen grundlegend verändert. Ich war unendlich getröstet, lag noch eine Weile schweigsam und nachdenkend – und stand dann auf in einen neuen Tag. Mit dem Weg zum Arbeitsamt und einigem mehr – aber frei aus dem Gefängnis dieser quälenden Angst und offen für die Überlegung, wie es weitergehen könnte. Und es ging – nach einer Wartezeit – sogar noch besser weiter, als vorher. Aber wie Gott da für mich gesorgt hat, Unwahrscheinliches geschehen ließ und mir ganz neue Perspektiven eröffnete – das ist eine andere Geschichte.

Und zu diesem ‚neue Maßstäbe gelten lassen' gehört dann auch der Mut, auf Menschen zuzugehen, die Gott uns an den Weg oder geradezu in den Weg stellt. Zeit für sie zu nehmen und erforderlichenfalls mit ihnen zu teilen. In schönen Kirchenpapieren auch unserer Kirche steht sehr viel und sehr Schönes davon, wie wir uns Nächsten, wie wir uns Fremden und Bedürftigen zuwenden sollen, um Jesu Gebote im Leben unserer Gesellschaft spürbar werden zu lassen. Aber persönlich Kontakt suchen und aufnehmen zu solchen Menschen? Wie soll das gehen? Dafür haben wir doch Sozialarbeiter, ‚Streetworker' und überhaupt Leute, die dafür bezahlt werden. Hierzulande ist es eher peinlich, auf solche Menschen zuzugehen: da ist es einfacher, an ‚ferne Nächste' zu denken und für ‚Brot für die Welt', ‚Hilfe für Brüder' oder sonstige Hilfsorganisationen zu spenden. Aber uns da selbst so engagieren? – dazu gehören Mut und Selbstüberwindung.

In der Ev. Allianz hatten wir eine Frau, die so etwas zu ihrer Herzenssache gemacht hatte und sich aufopfernd um nach Bonn verschleppte ausländische Prostituierte kümmerte. Mit wenigen Helferinnen wagte sie sich abends auf ‚den Straßenstrich', um diesen Frauen etwas Wärme nahezubringen und das Gefühl, dass Menschen an sie dachten. Sie machte diesen Frauen Geschenke, hörte ihnen zu und vermittelte in Notfällen auch Ärzte. Wir alle sahen in dieser Frau eine Heilige, eine ‚Mutter Teresa' in Bonn. Aber uns allen in der Allianz schauderte bei dem Gedanken, selbst so etwas zu machen.

Jesu erwartet, dass wir offener werden darin, in unserer Liebe Weite und Phantasie walten zu lassen.

Wenn ich mir das vornehme und auch umsetze, dann wird das ‚seid getrost' und das ‚seid zuversichtlich' vervollständigt durch ein ‚seid zukunftszugewandt'. Und damit kommen wir zu dem Apostel Paulus, der seiner Gemeinde in Thessaloniki schreibt: *„Euch aber lasse der Herr wachsen in der Liebe zueinander".*

‚Wachsen in der Liebe zueinander' – und damit auch zu den Menschen, die Jesus Ihnen und mir an den Weg oder sogar in den Weg stellt. Ein ‚Wachsen in der Liebe', das war ein zentrales Anliegen unseres Kirchenvaters John Wesley und hat sein ganzes Leben und Wirken bestimmt.

Ganz konkret: Mit der Überwindung der Welt, von der Jesus spricht, sind unsere realen Ängste nicht ein für allemal beseitigt oder aus der Welt geschafft. Wir werden auch weiterhin an ihnen leiden. Aber Jesus spricht uns den Trost zu, dass diese Ängste nicht länger unser Leben beherrschen und seinen Vollzug bestimmen sollen. Er hat neue Maßstäbe gesetzt und uns damit neue Chancen für ein Leben in Freiheit und auf ein Ziel hin gegeben. Als einer der größten evangelischen Liederdichter des vergangenen Jahrhunderts hat Jochen Klepper dieses getröstete und zuversichtliche Leben mit Jesus in Versen seines so eindrucksvollen Liedes „Die Nacht ist vorgedrungen, der Tag ist nicht mehr fern" beschrieben – ein Lied, das ich immer wieder gerne in Gottesdiensten singen lasse. Dieses Lied schließt in seinem letzten Vers mit der Zusage des von Gott kommenden Lichtes: Eines Lichtes, das wir uns im Aaronitischen Segen mit dem ‚der Herr lasse sein Angesicht leuchten über dir' zusprechen lassen oder anderen zusprechen und das wir verbinden mit Gottes unermesslicher Strahlkraft. Wirklich keine Energiesparlampe mit ihren Einschränkungen!

Gerade angesichts seines schweren Schicksals hat Jochen Klepper Worte gefunden, die zu Herzen gehen und die uns mitnehmen in diese Überwindung der Welt auch angesichts aller realen Ängste.

Quellenangaben

Für die Textwahl zu meinen Predigten habe ich zurückgegriffen auf die Einheitsübersetzung (9 Predigten), die revidierte Lutherübersetzung von 1984 (8 Predigten), ‚Hoffnung für alle' (3 Predigten), sowie ‚Neue Genfer Übersetzung, Willkommen daheim' und ;Neues Leben' (je 1 Predigt).
Bei jedem Predigttext ist die verwendete Übersetzung genannt.

Für die Erlaubnis, Texte aus den von ihnen herausgegebenen Übersetzungen zu verwenden, möchte ich den im Folgenden aufgelisteten Verlagen und ihren Vertretern, mit denen ich im Gespräch war, sehr herzlich danken.

- Einheitsübersetzung der Heiligen Schrift
  Copyright (C) 1980 Katholische Bibelanstalt, Stuttgart,
  - vertreten durch Frau Beate Schierle
- Lutherbibel, revidierter Text 1984, durchgesehene Ausgabe,
  Copyright (C)1999 Deutsche Bibelgesellschaft, Stuttgart,
  - vertreten durch Frau Ilona Raiser
- Hoffnung für alle (R)
  Copyright (C) 1983, 1996, 2002 by Biblica Inc. (R).
  Verwendet mit freundlicher Genehmigung des Brunnen Verlags. Basel,
  Alle weiteren Rechte weltweit vorbehalten,
  - vertreten durch Frau Anne Helke
- Bibeltext der Neuen Genfer Übersetzung – Neues Testament und Psalmen
  Copyright (C) 2011 Genfer Bibelgesellschaft,
  Wiedergegeben mit freundlicher Genehmigung. Alle Rechte vorbehalten,
  - vertreten durch Frau Anne France Mercier
- Willkommen daheim
  Copyright (C) 2009 (2. Auflage 2010) by Gerth-Medien GmbH, Asslar,
  in der Verlagsgruppe Random House GmbH, München,
  mit freundlicher Genehmigung,
  - vertreten durch Herrn Johannes Leuchtmann
- Neues Leben , Die Bibel, Copyright (C) 2002 und 2006
  SCM Brockhaus im SCM-Verlag GmbH &Co, KG in Witten,
  mit freundlicher Genehmigung
  - vertreten durch Frau Christine Schneider

Printed by Books on Demand GmbH, Norderstedt / Germany